El club de lectura para niños

ROSA GARCÍA PEREA

El club de lectura para niños

TOROMÍTICO

EDICIONES TOROMÍTICO
Colección Padres y educadores

Primera edición: junio de 2025

Director editorial: Óscar Córdoba
Edición de Ana Cabello

www.toromitico.com
Síguenos en @toromiticolibros

pedidos@almuzaralibros.com - info@almuzaralibros.com
Parque Logístico de Córdoba. Ctra. Palma del Río, km 4
C/8, Nave L2, nº 3, 14005, Córdoba.

Imprime: Gráficas La Paz
ISBN: 978-84-19962-45-4
Depósito Legal: CO-1146-2025
Hecho e impreso en España - *Made and printed in Spain*

Nunca es temprano para compartir un libro con los niños. Si aguardamos a que sepan leer para leerles, es como si esperáramos a que sepan hablar para hablarles.

Penélope Leach.

No hace falta quemar libros si el mundo empieza a llenarse de gente que no lee, que no aprende, que no sabe.

Ray Bradbury, *Fahrenheit 451.*

Para Óscar y Ana.
Los padres que, después de los míos, me hubiera gustado tener.

«Un viaje alrededor del mundo durante la hora del cuento, Club de la hora del cuento» Afinche de la biblioteca WPA, Chicago, 1935-40.

INTRODUCCIÓN

¿POR QUÉ UN CLUB DE LECTURA PARA NIÑOS?

Aunque nos pueda parecer una locura la idea de crear un club de lectura para niños, quiero demostrarte que no solo es posible, sino también maravillosamente enriquecedor. Los niños tienen una capacidad innata para organizarse, ilusionarse y colaborar cuando se les brinda el espacio adecuado. Y esas dos acciones, organizarse e ilusionarse, pueden mover el mundo. Los niños poseen una energía inagotable y una curiosidad que, si se canalizan correctamente, pueden generar cambios reales. Un club de lectura es mucho más que un lugar donde se leen historias; es una comunidad que fomenta la autonomía, la cooperación y el deseo de aprender juntos. Y con este libro, te invitaré a descubrir cómo podemos encender esa chispa en los más pequeños a través de los libros, despertando en ellos una pasión que podría durarles toda la vida.

Los clubs de lectura, lejos de ser un simple grupo donde los niños se reúnen para leer, son verdaderos talleres de vida. Aquí, el niño aprende que sus ideas importan, que puede expresarlas y que será escuchado con respeto. La posibilidad de compartir lo que siente y piensa después de leer una historia es una experiencia transformadora. En un mundo donde muchas veces sus voces son ignoradas, el club de lectura es ese espacio donde pueden brillar.

Pero la magia de estos clubs no solo beneficia a los niños. Los adultos que los acompañan también se ven enriquecidos al observar la evolución de cada pequeño lector. Un padre, madre o docente podrá ser testigo de cómo la timidez inicial de un niño se transforma en confianza cuando descubre que su opinión cuenta y es valorada. Este proceso no solo enriquece el vínculo entre adultos y niños, sino que también permite a los mayores reaprender la magia de la lectura a través de los ojos de los más pequeños.

Escribir este libro ha sido para mí un viaje cargado de recuerdos y emociones, porque si algo he aprendido a lo largo de mi vida es que la lectura es mucho más que un simple pasatiempo. Este libro que tienes entre tus manos es el resultado de esa convicción y del deseo de compartir una parte de mí misma, de mi infancia y de ese mundo maravilloso que mi hermana mayor me mostró cuando era una niña.

Recuerdo con absoluta nitidez aquellas tardes en las que me llevaba al bibliobús. Al principio, lo que más me llamaba la atención eran los cómics, y ella, con mucha paciencia, me dejaba escogerlos. Poco a poco, fue guiándome hacia libros ilustrados de autores como Salgari, Mark Twain o Julio Verne. Al principio los leíamos juntas, pero, con el tiempo, fui descubriendo por mí misma el placer de elegir mis propias lecturas. Ella no solo me acompañó en ese proceso, sino que me enseñó a ver los libros como puertas hacia mundos desconocidos.

Ahora, con este libro, quiero transmitir esa misma magia a otras personas. Pero no solo se trata de compartir mi experiencia, sino de ofrecer herramientas prácticas para que más niños puedan vivir la lectura como algo emocionante y transformador. Por eso, crear un club de lectura para niños no es solo una actividad divertida; es una manera de sembrar en ellos valores, de estimular su imaginación y de acompañarlos en su desarrollo personal y emocional. A través de cada sesión, los niños podrán desarrollar habilidades que van desde la comunicación hasta la resolución de problemas, pasando por la empatía y el pensamiento crítico.

El contenido de este libro está pensado para guiarte paso a paso en la creación de un club de lectura adaptado a las necesidades de los más pequeños. Pero antes de sumergirnos en los detalles prácticos, quiero explicarte por qué creo que los clubs de lectura pueden ser tan especiales.

Cuando un grupo de niños se reúne para compartir una historia, ocurre algo único: no solo están leyendo, sino que están aprendiendo a escuchar, a debatir, a respetar turnos y a valorar las opiniones de los demás. Imagina a un grupo de pequeños lectores sentados en círculo, con los ojos brillantes, hablando sobre qué harían ellos si fueran el protagonista del cuento. Cada comentario es una ventana a su mundo interior, una pista sobre cómo ven la vida y qué sueños y miedos tienen. El club se convierte, así, en un espacio seguro donde pueden expresarse sin miedo al juicio.

Muchos podrían pensar que organizar un club de lectura es algo tedioso o complejo, pero este libro te demostrará lo contrario. Comenzaremos por los aspectos prácticos: cómo elegir los libros adecuados, teniendo en cuenta las diferentes franjas de edad y los intereses de los niños. No es lo mismo captar la atención de un niño de tres años que la de uno de diez, y por eso te proporcionaré estrategias para adaptarte a cada etapa. También exploraremos cómo crear un ambiente cálido y acogedor, porque la lectura no solo ocurre en la mente, sino también en el corazón. Un espacio agradable, lleno de elementos que despierten la imaginación, puede marcar la diferencia entre una reunión rutinaria y una experiencia inolvidable.

Otro de los puntos claves será la importancia de establecer rutinas. Los niños prosperan cuando tienen estructuras claras, pero eso no significa que todo deba ser estricto o aburrido. Un club de lectura también puede ser un espacio flexible, donde haya lugar para la creatividad y la espontaneidad. Por ejemplo, propondré actividades complementarias, como crear dibujos basados en los personajes de los libros o inventar finales alternativos. Estas actividades no solo potencian el pensamiento creativo, sino que también fomentan el trabajo en equipo y el respeto por las ideas de los demás.

A lo largo de las páginas, también te hablaré de cómo manejar grupos diversos, porque es posible que en tu club haya niños con diferentes niveles de lectura o incluso con necesidades especiales. La inclusión es fundamental, y quiero ofrecerte herramientas para que todos los niños se sientan parte del grupo y puedan disfrutar de la experiencia. Aquí es donde el club de lectura adquiere una dimensión transformadora: los niños aprenden que no importa su origen, su género, su capacidad o su historia personal; todos tienen derecho a participar y a ser escuchados.

Un club inclusivo también puede abrir conversaciones importantes sobre diversidad cultural, orientación sexual o discapacidad, siempre desde el respeto y la adaptación a la edad de los niños. La literatura es un puente hacia la comprensión mutua, y a través de los libros podemos abordar temas como el respeto hacia las familias diversas o la valoración de las diferencias. Estas conversaciones, lejos de ser forzadas, surgen de manera natural cuando un grupo diverso de niños se sienta a compartir historias que los representen.

Uno de los temas que me apasiona especialmente es el papel de los moderadores. En un club de lectura, el moderador no es solo alguien que organiza las reuniones; es un guía que sabe cómo escuchar, cómo hacer preguntas que despierten la curiosidad y cómo intervenir cuando sea necesario para que la conversación fluya. Te explicaré cómo puedes asumir ese papel o cómo prepararte para que los propios niños se conviertan en moderadores, según sus edades y capacidades. Un buen moderador también es capaz de detectar los momentos en los que un niño necesita apoyo extra o en los que un debate puede derivar en aprendizajes inesperados.

También dedicaré un capítulo a hablar sobre las actividades extraclub, porque la lectura puede ir más allá de las páginas de un libro. Las gincanas literarias, las visitas a bibliotecas o las sesiones de cuentacuentos en la naturaleza pueden ser maneras maravillosas de enriquecer la experiencia y de conectar la lectura con el mundo real. Imagina la emoción de los niños al resolver pistas basadas en sus libros favoritos o al escuchar una historia mientras están rodeados de naturaleza.

No podemos ignorar el contexto actual, donde las pantallas compiten constantemente por la atención de los niños. Por eso, también te daré algunas ideas sobre cómo integrar la tecnología de manera positiva, por ejemplo, recomendando libros que tengan adaptaciones cinematográficas o utilizando aplicaciones interactivas relacionadas con la lectura. En lugar de ver la tecnología como una amenaza, aprenderemos a convertirla en una aliada para fomentar el amor por la lectura.

En definitiva, este libro es una invitación a explorar juntos el fascinante mundo de la lectura infantil. Es un homenaje a quienes me enseñaron el valor de un buen libro y a quienes ahora están dispuestos a pasar ese legado a la siguiente generación. A través de sus páginas, encontrarás no solo consejos prácticos, sino también reflexiones sobre la importancia de la lectura en la formación de personas curiosas, críticas y creativas.

Espero que, al leer estas páginas, encuentres inspiración y recursos prácticos para crear tu propio club de lectura, pero, sobre todo, deseo que descubras o redescubras el placer de compartir historias. Porque, cuando leemos juntos, creamos recuerdos imborrables, alimentamos sueños y construimos pequeñas comunidades donde todos pueden crecer. Cada sesión de lectura es una oportunidad para que un niño descubra algo nuevo sobre sí mismo o sobre el mundo que lo rodea.

Gracias por permitirme acompañarte en este viaje. Espero que mi hermana se sienta orgullosa de saber que aquella semilla que plantó hace tantos años sigue floreciendo. Hoy, esa semilla es un gran árbol cuyas ramas están listas para cobijar a nuevos pequeños lectores.

MYSTERY

1.

VALORES QUE SE TRABAJAN A TRAVÉS DE UN CLUB DE LECTURA

EL ARTE DE COMUNICARSE CON LOS DEMÁS

Comunicarse con los demás es una habilidad esencial que se puede cultivar desde muy pequeño, y los clubs de lectura son el terreno perfecto para desarrollar este arte. Imagina un grupo de niños sentados en círculo, cada uno con su propio libro favorito en la mano. A medida que comparten sus pensamientos y opiniones sobre las historias que han leído, no solo están hablando, están aprendiendo a expresarse con claridad y a entender el punto de vista de los demás.

Hablar en público puede ser intimidante, incluso para los adultos. Pero en el ambiente seguro y familiar de un club de lectura, los niños pueden practicar esta habilidad de manera natural. Aquí, el miedo a equivocarse se reduce, porque saben que están entre amigos y que todos están allí para aprender y disfrutar. Así, poco a poco, van ganando confianza en su capacidad para comunicar sus ideas.

Y no se trata solo de hablar. En un club de lectura, los niños también aprenden a utilizar el lenguaje corporal y las expresiones faciales para comunicar sus emociones y reacciones ante lo que están leyendo. Aprenden a usar el tono de voz adecuado, a hacer pausas para dar énfasis y a mantener el interés de su audiencia. En definitiva, están desarrollando una habilidad que les será útil durante toda su vida.

Además, la comunicación en un club de lectura no es unidireccional. No solo se trata de expresar tus ideas, sino también de aprender a dialogar y debatir con los demás. Cuando un niño comparte su interpretación de un libro, otros pueden hacer preguntas, ofrecer sus propias opiniones o incluso discrepar, eso sí, siempre respetuosamente. Este intercambio de ideas es enriquecedor y enseña a los niños a articular sus pensamientos de manera clara y a defender sus puntos de vista de forma razonada.

Este entorno también permite que los niños desarrollen su vocabulario y mejoren su fluidez verbal. Al escuchar a otros niños y adultos usar palabras y expresiones nuevas, y al intentar incorporarlas en sus propias intervenciones, están expandiendo constantemente su capacidad de comunicación. En resumen, un club de lectura no solo fomenta el amor por los libros, sino que también es una herramienta poderosa para mejorar las habilidades comunicativas de los niños.

LA IMAGINACIÓN COMPARTIDA

La imaginación es una herramienta poderosa que nos permite explorar mundos nuevos y crear historias fascinantes. En un club de lectura, esta imaginación se vuelve aún más rica cuando se comparte con los demás. Los niños, con su capacidad innata para soñar y crear, encuentran en estos espacios un lugar para dejar volar su fantasía sin límites.

Pensemos en un grupo de niños discutiendo sobre un libro. Cada uno tiene su propia visión de los personajes y los escenarios, y al compartir estas visiones, enriquecen la experiencia de los demás. Uno puede imaginar un dragón rojo, mientras que otro lo ve azul y lleno de escamas brillantes. Al intercambiar estas ideas, no solo están desarrollando su imaginación, sino también aprendiendo a apreciar la diversidad de pensamientos.

Esta capacidad de imaginar en conjunto puede tener beneficios que van más allá de la simple diversión. Los niños que practican la imaginación compartida desarrollan habilidades para trabajar en equipo, resolver problemas y pensar de manera crítica. Al enfrentarse a diferentes interpretaciones de una misma historia, aprenden a ver las cosas desde múltiples perspectivas, lo que es esencial para su desarrollo cognitivo y emocional.

Además, compartir la imaginación ayuda a los niños a desarrollar una mayor empatía. Al escuchar cómo otros niños interpretan y se relacionan con los personajes y situaciones de los libros, empiezan a entender mejor los sentimientos y experiencias de los demás. Esto les ayuda a construir relaciones más profundas y significativas con sus compañeros y a ser más comprensivos y empáticos.

En un club de lectura, los niños también tienen la oportunidad de crear juntos. Pueden escribir cuentos en grupo, inventar finales alternativos para las historias que leen o incluso dramatizar las escenas de los libros. Estas actividades no solo fomentan la creatividad y la colaboración, sino que también hacen que la lectura sea una experiencia activa y dinámica.

En nuestra sociedad, donde las distracciones están por todas partes y la comunicación suele ser rápida y superficial, el arte de saber escuchar se está perdiendo. Sin embargo, en un club de lectura, se promueve de manera natural. Los niños aprenden a desarrollar lo que podemos llamar «el oído que comprende».

Escuchar con atención significa más que simplemente oír las palabras de los demás. Implica prestar atención a los detalles, reflexionar sobre lo que se ha escuchado y formar tus propias ideas a partir de ello. En un club de lectura, cuando un niño comparte su opinión sobre un libro, los demás están aprendiendo a escuchar activamente. Esto significa que están captando no solo las palabras, sino también el tono y las emociones detrás de ellas.

La escucha activa también mejora la capacidad de retención y comprensión. Cuando los niños escuchan atentamente los debates sobre los libros, están practicando su habilidad para recordar y analizar información. Esto no solo les ayuda a entender mejor las historias que leen, sino que también mejorará su desempeño en las áreas académicas.

Además, saber escuchar enseña a los niños a ser pacientes y respetuosos. No es fácil convencer a un adulto de que hay que esperar que el del enfrente exprese sus ideas hasta el final, sin interrupciones, para poder debatir sobre ello. Imagina lo que supone convencer a un niño. Por eso, al adquirir la costumbre de esperar su turno para hablar y prestar atención a lo que dicen los demás, aprenden a valorar las contribuciones de sus compañeros. Esto crea un ambiente de respeto mutuo y colaboración, donde todos se sienten valorados y escuchados.

RESPETAR EL TURNO DE PALABRA

La paciencia y el respeto a los demás son valores fundamentales que se aprenden desde la infancia. En un club de lectura, estos valores se ponen en práctica constantemente, especialmente cuando se trata de respetar el turno de palabra. Imagina una reunión donde todos los niños están entusiasmados por compartir sus pensamientos sobre el último libro que han leído. En este entorno, aprender a esperar su turno para hablar es una lección de respeto y consideración.

Respetar el turno de palabra no solo es una cuestión de cortesía, sino también de justicia. Permitir que cada niño tenga su momento para expresarse asegura que todas las voces sean escuchadas y valoradas. Esto refuerza la idea de que cada opinión es importante y digna de ser escuchada, lo que a su vez fomenta un sentido de pertenencia y autoestima en los niños.

Además, al esperar su turno, los niños también aprenden a reflexionar sobre lo que van a decir. Este tiempo de espera les permite organizar sus pensamientos y presentarlos de manera más coherente y articulada. Así, no solo están aprendiendo a ser pacientes, sino también a comunicarse de manera más efectiva.

Aprender a respetar el turno de palabra también tiene beneficios más allá del club de lectura. Esta habilidad es esencial en la vida diaria, ya que enseña a los niños a ser considerados y respetuosos en sus interacciones con los demás. Ya sea en la escuela, en el hogar o en cualquier otro entorno social, saber cuándo hablar y cuándo escuchar es una habilidad que les ayudará a construir relaciones más sanas.

En un club de lectura, los moderadores pueden usar varias técnicas para enseñar a los niños a respetar el turno de palabra[1]. Por ejemplo, pueden usar un objeto de «turno de palabra» que los niños deben tener en la mano para hablar, o pueden establecer reglas claras sobre cómo y cuándo los niños pueden intervenir en las discusiones. Estas técnicas no solo hacen que las reuniones sean más ordenadas, sino que también enseñan a los niños la importancia del respeto y la consideración en una charla.

RESPETAR LAS IDEAS DEL OTRO

En un club de lectura, la diversidad de pensamientos y opiniones es lo que enriquece los debates. Los niños aprenden rápidamente que no todos ven el mundo de la misma manera y que está bien tener opiniones diferentes. Respetar las ideas de los

1 Veremos más adelante cómo establecerlo.

demás es un valor esencial que se fomenta continuamente en estos encuentros.

Cuando alguien comparte una opinión que difiere de la nuestra, el primer impulso puede ser desacreditarla o imponer nuestra propia visión. Sin embargo, en un club de lectura, se enseña a valorar y respetar las perspectivas diferentes. Esto, no me cansaré de repetirlo, no solo fomenta el respeto mutuo, sino que también abre la mente de los niños a nuevas ideas y formas de pensar.

Al aprender a respetar las ideas de los demás, los niños desarrollan la tolerancia y la capacidad de debatir de manera constructiva. Comprenden que una discusión no es una pelea, sino una oportunidad para aprender y crecer. Este valor es crucial en una sociedad diversa y multicultural, donde la capacidad de convivir y trabajar con personas de diferentes orígenes y creencias es fundamental.

El respeto por las ideas de los demás también fomenta un ambiente de confianza y seguridad. Cuando los niños saben que sus opiniones serán respetadas y valoradas, se sienten más seguros para expresarse y compartir sus pensamientos. Esto no solo enriquece los debates, que no son sometidos a la crítica mordaz inútil, sino que también ayuda a los niños a desarrollar un sentido de autoestima y autoconfianza.

En un club de lectura, los moderadores pueden promover el respeto por las ideas de los demás de varias maneras. Pueden establecer reglas claras sobre cómo los niños deben interactuar entre sí, enfatizando la importancia de escuchar y respetar las opiniones de los demás. También pueden modelar este comportamiento, mostrando a los niños cómo debatir y discutir de manera respetuosa y constructiva.

AUMENTAR LA CAPACIDAD DE ATENCIÓN

En estos tiempos llenos de tecnología y bombardeo de imágenes rápidas, puede ser todo un reto que los niños se concentren en una sola cosa. Pero la lectura ofrece una oportunidad única para que trabajen en su capacidad de atención. En un club de lectura, los niños aprenden a dedicar tiempo y enfocarse en una actividad concreta, algo muy distinto a lo disperso que suelen estar con las distracciones de otras fuentes.

La lectura requiere un tipo de atención sostenida y profunda que es diferente de la que se necesita para ver la televisión o jugar a videojuegos. En un club de lectura, los niños practican esta habilidad al leer y debatir libros. Aprenden a seguir una historia a lo largo de múltiples capítulos, a recordar detalles importantes y a reflexionar sobre lo que han leído. Esta práctica constante fortalece su capacidad de concentración y les enseña la importancia de la paciencia y la perseverancia.

Desarrollar la capacidad de atención a través de la lectura también tiene beneficios que trascienden el club de lectura. Esta habilidad es esencial para el éxito académico y profesional, ya que permite a los niños concentrarse en sus estudios, completar tareas de manera eficiente y abordar problemas complejos con una mente clara y enfocada. La lectura ayuda a limpiar la mente de interferencias.

En un club de lectura, los moderadores pueden usar varias estrategias para ayudar a los niños a desarrollar su capacidad de atención. Pueden dividir la lectura en secciones más manejables, hacer preguntas que fomenten la reflexión y la discusión, y utilizar actividades complementarias que refuercen los temas y conceptos del libro. Estas estrategias no solo hacen que la lectura sea más accesible y atractiva, sino que también ayudan a los niños a desarrollar una atención prolongada y detallada. Más adelante veremos cómo afrontar estas estrategias.

EL DIARIO DE LECTURA

La lectura y la escritura son dos caras de la misma moneda. Mientras que la lectura permite a los niños explorar mundos nuevos y aprender de las experiencias de los demás, la escritura les ofrece una forma de expresar sus propios pensamientos y sentimientos. En un club de lectura, animar a los niños a llevar un diario de lectura puede ser una manera poderosa de desarrollar su yo interior.

Un diario de lectura es más que un simple registro de los libros leídos. Es un espacio personal donde los niños pueden reflexionar sobre lo que han leído, escribir (o dibujar) sus propias interpretaciones y conectarlas con sus experiencias personales. Este ejercicio no solo mejora sus habilidades de escritura, sino que también les ayuda a procesar sus emociones y pensamientos de una manera estructurada.

Además, llevar un diario de lectura fomenta la autorreflexión y el autoconocimiento. Al escribir sobre los libros que han leído, los niños aprenden a identificar y articular sus propios intereses, valores y creencias. Este proceso de autodescubrimiento es fundamental para su desarrollo emocional y cognitivo.

La escritura también puede ser una herramienta terapéutica. Los niños que llevan un diario de lectura tienen un espacio seguro para expresar sus miedos, preocupaciones y alegrías. Esto les ayuda a procesar sus emociones y a desarrollar una mayor comprensión de sí mismos. Además, el acto de escribir sobre sus experiencias les permite ver las cosas desde una perspectiva diferente, lo que puede ser muy útil para resolver conflictos y tomar decisiones.

En un club de lectura, los moderadores pueden animar a los niños (a partir de cierta edad) a llevar un diario de lectura proporcionando ejemplos y sugerencias sobre qué escribir. Pueden hacer preguntas que fomenten la reflexión, como «¿Qué te gustó más de este libro?» o «¿Cómo te hizo sentir esta historia?». Estas preguntas no solo ayudan a los niños a organizar sus pensamientos, sino que también les muestran que sus opiniones y sentimientos son importantes y valiosos.

Además, los diarios de lectura pueden ser una herramienta útil para evaluar el progreso de los niños en su viaje de lectura. Al revisar sus entradas de diario, los moderadores y los padres pueden ver cómo evolucionan las habilidades de lectura y escritura de los niños, así como su capacidad para reflexionar y analizar. Esto proporciona una visión valiosa de su desarrollo y puede ayudar a guiar futuras actividades y lecturas.

ACTIVIDADES RECOMENDADAS

1. Juego de roles sobre resolución de conflictos:
    - Descripción: organiza una actividad donde los niños interpreten diferentes roles en una situación de conflicto que podría surgir en una historia. Cada niño debe proponer una solución pacífica y razonable al conflicto.
    - Objetivo: enseñar a los niños la importancia de la comunicación y la empatía al resolver problemas.
2. Creación de un mural de imaginación compartida:
    - Descripción: cada niño dibuja su interpretación de una escena o personaje de un libro que hayan leído en el club. Luego, todos los dibujos se juntan en un gran mural.
    - Objetivo: fomentar la creatividad y la apreciación de diferentes perspectivas.
3. Actividad de escucha activa con preguntas reflexivas:
    - Descripción: durante la lectura de un cuento en voz alta, detente en varios puntos y haz preguntas sobre lo que sucedió. Los niños deben escuchar atentamente y responder.
    - Objetivo: mejorar la capacidad de atención y comprensión, y desarrollar la habilidad de escuchar activamente.

2.

¿A QUÉ EDAD PODEMOS COMENZAR?

Muchos padres y educadores se preguntan cuál es el mejor momento para introducir a los niños en el mundo de los libros. La respuesta es sencilla: cuanto antes, mejor. Desde que son muy pequeños, los libros pueden convertirse en sus grandes amigos, y si comienzan a conocerlos pronto, más natural será su relación con la lectura.

En los primeros años de vida, los niños son como pequeñas esponjas, absorbiendo todo lo que los rodea. Los libros pueden y deben formar parte de este entorno enriquecedor. Al principio, el libro es un objeto hermoso y fascinante. Sus colores, formas y texturas despiertan la curiosidad de los más pequeños. Un libro de tela o cartón con ilustraciones brillantes puede captar la atención de un bebé y convertirse en su juguete favorito. De hecho, es importante que los niños tengan la oportunidad de coger y manosear los libros. Esto no solo les ayuda a desarrollar sus habilidades motoras, sino que también les enseña a apreciar los libros como objetos valiosos y significativos.

Imaginemos a un bebé de seis meses, sentado en el regazo de su madre, mirando las páginas de un libro de tela lleno de colores vivos y texturas interesantes. Aunque aún no entiende las palabras, está absorbiendo la experiencia visual y táctil del libro. Está aprendiendo que los libros son algo especial, algo que mamá y papá consideran importante. Y, lo más importante, está empezando a asociar los libros con momentos de cariño y atención.

A medida que los niños crecen, la lectura de cuentos al dormir se convierte en un ritual que no solo hace mágica la hora de acostarse, sino que también sienta las bases para un hábito que durará toda la vida. Leerles cuentos antes de dormir convierte la rutina nocturna en un momento de conexión y calma. Imagina a un niño pequeño, acurrucado bajo las sábanas, escuchando la voz suave de su madre o padre mientras le lee un cuento. Las palabras se convierten en melodías, las historias en sueños, y la hora de dormir en una aventura mágica. Este ritual no solo ayuda a los niños a relajarse y prepararse para el sueño, sino que también crea un vínculo emocional con los libros y la lectura.

Este hábito de leer antes de dormir tiene beneficios que van más allá de la simple rutina. Los estudios han demostrado que los niños a los que se les lee regularmente tienen un vocabulario más amplio, una mayor capacidad de concentración y un mejor desempeño académico en general[2]. Pero más allá de los beneficios cognitivos, este tiempo de lectura compartida es una oportunidad para que los padres y los hijos se conecten de una manera especial. Es un momento de tranquilidad y cercanía que fortalece el vínculo.

Además, la lectura en los primeros años puede convertirse en una actividad social gratificante. Un grupo pequeño de madres con sus bebés leyendo cuentos para todos puede ser la semilla de un maravilloso club de lectura. Imagina a un grupo de padres o abuelos reuniéndose en el parque o en la sala de estar de una casa, cada uno con su bebé en brazos, compartiendo cuentos

2 *La importancia de la lectura en la educación infantil.* Shakyra María Rodríguez Palmés. Universidad de la Laguna, 2022.

y canciones. Los bebés, aunque aún no entiendan las palabras, disfrutan del ritmo y la melodía de las voces, de las imágenes coloridas y del contacto con otros bebés.

Este tipo de grupo no solo es beneficioso para los bebés, sino también para los adultos. La maternidad puede ser solitaria y desafiante, y tener un grupo de apoyo donde compartir experiencias, consejos y, por supuesto, cuentos puede ser muy reconfortante. Estas reuniones no solo fomentan el amor por la lectura desde una edad temprana, sino que también crean una comunidad de apoyo para los padres.

Además, estos grupos pueden evolucionar y crecer con el tiempo. A medida que los bebés se convierten en niños pequeños y luego en preescolares, el club de lectura debe adaptarse a sus necesidades cambiantes. Los cuentos simples pueden dar paso a historias más complejas, y las sesiones de lectura pueden incluir actividades creativas como dramatizaciones de cuentos o manualidades basadas en los libros leídos. Así, el club de lectura se convierte en una parte integral del crecimiento y desarrollo de los niños, y los acompaña en cada etapa de su vida.

Y no olvidemos que cada niño es diferente. Algunos pueden mostrar interés en los libros desde muy pequeños, mientras que otros pueden tardar un poco más en descubrir el placer de la lectura. Lo importante es ofrecerles oportunidades y dejarlos explorar a su propio ritmo. Forzar a un niño a leer antes de que esté listo puede tener el efecto contrario al deseado, y convertir la lectura en una tarea en lugar de un placer. Por eso, es fundamental observar y respetar los intereses y tiempos de cada niño.

Los padres y educadores tienen un papel crucial en este proceso. No se trata solo de ofrecer libros, sino de ser modelos para seguir. Los niños imitan lo que ven, y si ven a los adultos disfrutar de la lectura, es más probable que ellos también desarrollen ese amor por los libros. Leer juntos, comentar las historias, hacer preguntas y, sobre todo, mostrar entusiasmo por la lectura, son formas efectivas de transmitir este interés a los más pequeños.

Otro aspecto importante es la selección de los libros. En los primeros años, es fundamental elegir libros adecuados para la edad y los intereses del niño. Los libros de tela y cartón con colores brillantes y texturas son ideales para los bebés, mientras que los cuentos con rimas y repetición son perfectos para los primeros lectores. A medida que los niños crecen, se pueden introducir libros con historias más complejas y personajes interesantes que capturen su imaginación.

Es también esencial tener en cuenta la diversidad en la selección de los libros. Los niños deben tener acceso a historias que reflejen su propia realidad, pero también a libros que les permitan descubrir mundos y culturas diferentes. Esto no solo enriquece su conocimiento, sino que también fomenta la empatía y la comprensión hacia los demás.

Y aquí es donde entra en juego el papel de la comunidad. Las bibliotecas, las librerías y los centros comunitarios pueden ser aliados valiosos en este proceso. Organizar actividades de lectura, talleres y eventos literarios puede ayudar a crear un entorno que valore y celebre la lectura. Además, estas instituciones pueden ofrecer recursos y apoyo a las familias, y ayudarles a encontrar los libros adecuados y a desarrollar estrategias para fomentar la lectura en casa.

Volviendo a la idea de comenzar temprano, es importante destacar que los beneficios de la lectura van más allá del desarrollo cognitivo. La lectura también tiene un impacto positivo en el desarrollo emocional y social de los niños. Los cuentos y las historias ofrecen una manera de explorar y entender el mundo, de procesar emociones y de aprender a enfrentar desafíos. A través de los personajes y las tramas, los niños pueden identificarse con situaciones y sentimientos, lo que les ayuda a desarrollar una mayor comprensión de sí mismos y de los demás.

Por ejemplo, un niño que se enfrenta a un cambio importante, como la llegada de un nuevo hermano o una mudanza, puede encontrar consuelo y comprensión en una historia que refleje su situación. Los libros pueden ser una fuente de apoyo y guía, ofreciendo soluciones y perspectivas que los niños pueden aplicar en su propia vida. Además, las historias también pueden enseñar valores importantes, como la amistad, la honestidad y la perseverancia.

Y no olvidemos el simple placer de la lectura. Para los niños, los libros pueden ser una fuente inagotable de diversión y entretenimiento. Desde las aventuras de animales parlantes hasta los misterios de detectives en miniatura, las historias tienen el poder de transportar a los niños a mundos imaginarios donde todo es posible. Este placer por la lectura es algo que puede acompañar a los niños durante toda su vida, y proporcionarles un refugio y una fuente de alegría en los momentos difíciles.

Finalmente, es esencial recordar que la lectura no debe ser vista como una tarea o una obligación, sino como una oportunidad para compartir y disfrutar. Los padres y educadores pueden fomentar este enfoque positivo creando un ambiente de lectura relajado y acogedor. Esto puede incluir tener una variedad de libros accesibles en casa, crear un rincón de lectura cómodo y dedicar tiempo regularmente a leer juntos. También puede ser útil establecer rutinas y rituales de lectura, como leer antes de dormir o durante el fin de semana, para hacer de la lectura una parte natural y esperada de la vida diaria.

Por lo tanto, comenzar temprano con la lectura ofrece innumerables beneficios para los niños, desde el desarrollo de habilidades cognitivas y emocionales hasta la creación de hábitos positivos y relaciones significativas. Los libros tienen el poder de enriquecer la vida de los niños de muchas maneras, y cuanto antes comencemos a introducirlos en el mundo de la lectura, más oportunidades tendrán de aprovechar todo lo que los libros tienen para ofrecer. Así que, no hay tiempo que perder. Empecemos hoy mismo a cultivar el amor por los libros en nuestros pequeños, y veremos cómo florece su imaginación, su curiosidad y su amor por el aprendizaje.

INTEGRAR LA LECTURA EN LA RUTINA DIARIA

Crear el hábito de la lectura desde una edad temprana no es solo cuestión de encontrar el momento adecuado, sino también de integrar la lectura en la rutina diaria de los niños de una manera natural y divertida:

- Establecer un tiempo de lectura diario: dedicar unos minutos cada día a la lectura puede marcar una gran diferencia. Puede ser por la mañana, antes de dormir o en cualquier momento que se ajuste a la rutina familiar.
- Leer en voz alta: leer en voz alta no solo es una excelente manera de compartir historias, sino que también ayuda a los niños a mejorar su comprensión auditiva y su vocabulario. Además, es una oportunidad para crear vínculos afectivos y compartir momentos de calidad.
- Hacer de la lectura una actividad interactiva: involucra a los niños en la lectura haciendo preguntas sobre la historia, dejando que completen las frases o que inventen finales alternativos. Esto no solo hace que la lectura sea más divertida, sino que también fomenta la imaginación y la creatividad.
- Visitar bibliotecas y librerías: hacer visitas regulares a bibliotecas y librerías permite a los niños descubrir nuevos libros y elegir sus lecturas. Estas salidas pueden ser una aventura en sí mismas y ayudan a los niños a ver los libros como algo accesible y emocionante. Hacer de estas visitas algo cotidiano en su vida es esencial.
- Combinar la lectura con otras actividades: la lectura puede ser parte de cualquier actividad diaria, como leer una receta mientras cocinan juntos, buscar información en un libro durante una excursión, o simplemente disfrutar de un libro en un parque.

ACTIVIDADES RECOMENDADAS

1. Rincón de lectura sensorial para bebés:

- Descripción: crea un espacio con libros de tela y cartón, acompañados de objetos sensoriales como pelotas suaves y juguetes de diferentes texturas. Los bebés pueden explorar los libros y los objetos mientras se les leen cuentos cortos.
- Objetivo: introducir a los bebés en el mundo de los libros de manera sensorial y atractiva.

2. Rutina de lectura de cuentos antes de dormir:

- Descripción: establece una rutina nocturna de lectura con los niños. Pueden leer un cuento corto y luego comentar brevemente la historia antes de dormir.
- Objetivo: crear un hábito de lectura desde una edad temprana y asociar los libros con momentos agradables y tranquilos.

3. Sesión de cuentacuentos en grupo:

- Descripción: organiza una sesión de cuentacuentos donde los adultos lean cuentos a un pequeño grupo de niños. Cada sesión puede ser en un hogar diferente, lo que fomenta la rotación y la comodidad.
- Objetivo: fomentar la socialización y el amor por la lectura desde una edad temprana en un entorno familiar y acogedor.

3.

¿TODOS JUNTOS O POR EDADES?

Crear un club de lectura para niños es una tarea emocionante y gratificante, pero también presenta grandes desafíos. A diferencia de los clubs de lectura para adultos, donde varias generaciones pueden convivir y enriquecerse mutuamente a través de sus diferentes perspectivas y experiencias, los clubs de lectura para niños requieren una atención especial a las distintas necesidades y capacidades de los pequeños lectores. Los niños están en constante desarrollo, y lo que funciona para un grupo de edad puede no ser adecuado para otro. Por eso, en este capítulo, exploraremos cómo deben ser los matices de un club de lectura según las diferentes franjas de edades, más adelante explicaremos más exhaustivamente la dinámica de funcionamiento.

Dividiremos estas franjas en cuatro categorías: de cero a tres años, de cuatro a siete años, de ocho a diez años y de once a trece años. Cada una de estas etapas tiene características y requerimientos específicos que deben ser considerados para asegurar que los niños disfruten y se beneficien de la experiencia de la lectura en grupo.

- Empecemos con los más pequeñitos, los de cero a tres años. A esta edad, los niños están descubriendo el mundo a través de sus sentidos y movimientos. Los libros no solo son herramientas de lectura, sino también objetos para explorar y jugar. Aquí, el papel del moderador es fundamental. Un moderador paciente y creativo puede hacer maravillas, y transformar las sesiones de lectura en aventuras llenas de colores, sonidos y texturas. El espacio para reunirse debe ser seguro, cómodo y estimulante, con alfombras suaves y cojines donde los pequeños puedan moverse libremente. Las lecturas deben ser breves, con ilustraciones vibrantes y rimas sencillas que capten su atención. La supervisión de los adultos es indispensable, no solo para garantizar la seguridad, sino también para modelar comportamientos de lectura y participación.

- Pasando a los niños de cuatro a siete años, vemos que su capacidad para concentrarse y su interés por las historias comienzan a crecer. En esta etapa, los niños están listos para explorar cuentos más elaborados y participar activamente en las sesiones de lectura. El moderador (todavía un adulto) debe ser un narrador entusiasta, capaz de dar vida a los personajes y mantener el interés del grupo. El espacio debe seguir siendo acogedor y seguro, pero también puede incluir elementos que fomenten la participación, como disfraces y marionetas. Las lecturas pueden ser un poco más largas y complejas, con tramas que despierten la imaginación y la curiosidad. Las normas del club empiezan a ser más importantes aquí, enseñando a los niños a respetar el turno de palabra y a escuchar a los demás.
- Para los niños de ocho a diez años, el mundo de la lectura se expande aún más. Están en una etapa en la que pueden disfrutar de capítulos más largos y tramas más intrincadas. En este grupo, el moderador debe ser tanto un guía como un facilitador, alentando a los niños a expresar sus opiniones y a debatir sobre los libros que leen; ya deberíamos experimentar con que el papel de moderador lo realicen los propios niños rotando. El espacio puede transfor-

marse en un rincón más formal de lectura, con estanterías llenas de libros accesibles para que los niños escojan. Las lecturas deben ser variadas, incluyendo tanto ficción como no ficción, y los temas pueden ser más diversos, reflejando los intereses crecientes de los niños. Aquí, la supervisión de los adultos puede ser más flexible, y permitir que los niños tomen un papel más activo en la gestión de las reuniones y en la elección de las lecturas.

- Finalmente, llegamos a los preadolescentes, de once a trece años. Este grupo tiene una mayor capacidad de análisis y está comenzando a formarse opiniones más sólidas sobre el mundo que los rodea. Los clubs de lectura para este rango de edad pueden abordar temas más profundos y complejos, y las discusiones pueden ser más detalladas y significativas. El moderador debe ser alguien que no solo facilite las discusiones, sino que también sepa cuándo dar un paso atrás y permitir que los niños lideren la conversación. El espacio puede ser más estructurado, quizás con un área designada para debates y otra para lectura silenciosa. Las normas del club deben ser claras y respetadas por todos, y así fomentar un ambiente de respeto y colaboración.

Un aspecto maravilloso de los clubs de lectura para niños es la posibilidad de ver crecer a los pequeños lectores y cómo estos grupos pueden evolucionar con el tiempo. Imagina ver a esos niños que comenzaron con cuentos sencillos y libros de tela crecer hasta convertirse en adolescentes que debaten apasionadamente sobre literatura y temas contemporáneos. Esta progresión no solo es gratificante, sino que también refuerza la idea de que la lectura es un viaje continuo y enriquecedor. Cada etapa del desarrollo del niño ofrece oportunidades únicas para fomentar el amor por la lectura y para construir habilidades que serán útiles durante toda su vida. Desde aprender a compartir y respetar las ideas de los demás hasta desarrollar la capacidad de concentración y análisis crítico, cada franja de edad tiene su propio conjunto de beneficios y desafíos.

Además, estos clubs de lectura no solo preparan a los niños para ser mejores lectores, sino que también les enseñan lecciones valiosas sobre la colaboración, el respeto y la empatía. Al compartir sus pensamientos y escuchar a sus compañeros, los niños aprenden a valorar diferentes perspectivas y a comprender la importancia de la diversidad de ideas. Este es un aspecto crucial en su desarrollo social y emocional que les ayudará a convertirse en adultos comprensivos y reflexivos.

Más adelante, como hemos dicho, exploraremos en detalle las necesidades y características de cada franja de edad. Discutiremos cómo adaptar las lecturas, las actividades y la dinámica del club para satisfacer mejor a los niños en cada etapa de su desarrollo. También proporcionaremos ejemplos prácticos y consejos para los moderadores, padres y educadores que quieran establecer y mantener clubs de lectura exitosos para niños.

ACTIVIDADES RECOMENDADAS

1. Taller de creación de libros para niños de cero a tres años:

    - Descripción: adultos y niños pueden crear libros sencillos con hojas de cartón y materiales coloridos. Los libros pueden tener imágenes de objetos familiares o escenas de cuentos cortos.
    - Objetivo: fomentar la creatividad y el amor por los libros a través de la creación manual y la familiarización con los libros como objetos.

2. Club de lectura en la biblioteca para niños de cuatro a diez años:

    - Descripción: organiza reuniones quincenales en la biblioteca local donde los niños puedan explorar diferentes libros y participar en debates sobre las historias que leen.

- Objetivo: promover la independencia en la elección de libros y el desarrollo de habilidades de lectura crítica y análisis.

3. Debate literario para preadolescentes (diez a trece años):

- Descripción: facilita una sesión de debate en la que los niños discutan un artículo curioso o sorprendente de prensa que hayan leído en casa. Puede ser sobre ciencia, naturaleza, inventos, animales, costumbres del mundo u otra temática que despierte su interés.
- Objetivo: fomentar el pensamiento crítico y la capacidad de argumentar y defender sus ideas de manera respetuosa y reflexiva.

★ ★

ANIMALES
AVENTURAS
MAGIA

4.

EL ESPACIO DONDE SE HACE LA MAGIA

El espacio donde se llevan a cabo las reuniones del club de lectura es mucho más que un simple lugar físico. Es el escenario donde los personajes cobran vida, donde las aventuras se desarrollan y donde las mentes jóvenes se abren a nuevos mundos. Es un lugar que debe inspirar, acoger y, sobre todo, permitir que la imaginación de los niños se despliegue sin límites.

EL HOGAR: UN REFUGIO SEGURO PARA LOS MÁS PEQUEÑOS

Para los más pequeños, aquellos en las primeras franjas de edad, el hogar es el lugar ideal para empezar esta aventura literaria. Los niños pequeños se sienten más seguros y cómodos en un entorno familiar. Imagina un grupo de niños de 0 a 3 años, sentados en un círculo en el salón de una casa, rodeados de sus juguetes y sus mantas favoritas. Aquí, el adulto encargado puede leerles cuentos en voz alta, capturando su atención con las historias mientras se sienten arropados por la familiaridad de su entorno.

Las reuniones en los hogares de los participantes ofrecen varias ventajas. En primer lugar, rotar entre diferentes casas no solo da a los niños la oportunidad de estar en un ambiente seguro y conocido, sino que también permite a los padres participar activamente en la experiencia del club de lectura. Este enfoque ayuda a que tanto los niños como los adultos se sientan más relajados y comprometidos.

Sin embargo, es crucial tener en cuenta algunos factores para asegurar que el espacio sea propicio para la lectura:

- Debemos minimizar las distracciones tanto como sea posible. Los ruidos de la calle, la televisión encendida o las personas entrando y saliendo pueden interrumpir la concentración y romper la atmósfera mágica que se crea durante la lectura en voz alta.
- Es importante que el espacio esté tranquilo y que los teléfonos móviles estén en modo silencio. Los adultos deben prepararse para crear un ambiente sereno y acogedor, donde los niños puedan concentrarse plenamente en las historias que se les presentan.

ESPACIOS ALTERNATIVOS PARA LOS JÓVENES LECTORES

A medida que los niños crecen y se vuelven más autónomos, sus necesidades de espacio también cambian. Los niños de entre cuatro y seis años, que empiezan a explorar el mundo de la lectura con más independencia, pueden beneficiarse de realizar las reuniones en otros lugares además del hogar. Aunque rotar en los domicilios sigue siendo una opción viable, es recomendable explorar espacios diferentes que puedan ofrecer un entorno más centrado en la lectura.

Aquí es donde entran en juego las bibliotecas, las librerías y los centros cívicos. Estos lugares no solo están diseñados para fomentar la lectura, sino que también proporcionan un ambiente que se asocia claramente con la exploración literaria. Imagina un grupo de niños de ocho a diez años reuniéndose en una sala tranquila de la biblioteca local, rodeados de estanterías llenas de libros. Este entorno no solo inspira a los niños a leer, sino que también los introduce al mundo más amplio de los libros disponibles para ellos.

En el caso de las librerías, algunas se esfuerzan mucho para ser lugares mágicos para los clubs de lectura, con áreas designadas para niños, con cojines coloridos y muebles a su altura. Estos espacios están diseñados para atraer a los jóvenes lectores y hacer que se sientan bienvenidos y emocionados por explorar nuevos libros. Organizar reuniones en una librería puede ser una excelente manera de fomentar el amor por la lectura y de apoyar a las librerías locales al mismo tiempo.

Los centros cívicos son otra opción maravillosa, especialmente si tienen salas disponibles que pueden ser reservadas para reuniones regulares. Estos espacios comunitarios suelen estar equipados para acomodar a grupos de personas y ofrecen un entorno neutral donde los niños pueden concentrarse en la lectura sin las distracciones asociadas con el hogar. Además, utilizar un centro cívico puede fomentar un sentido de comunidad y pertenencia entre los miembros del club.

LA LECTURA EN LA NATURALEZA

A veces, el mejor lugar para celebrar un club de lectura no es dentro de cuatro paredes, sino al aire libre, en la frescura y libertad de la naturaleza. Los parques ofrecen un escenario perfecto para que los niños disfruten de la lectura mientras están rodeados de árboles, flores y el sonido relajante de los pájaros. Imagina un grupo de niños de entre cuatro y seis años sentados en mantas bajo la sombra de un árbol, escuchando a un adulto leer en voz alta una historia sobre aventuras en el bosque.

Leer al aire libre tiene múltiples beneficios. Primero, permite a los niños disfrutar de la naturaleza mientras se sumergen en las historias. Este entorno natural puede hacer que la experiencia de lectura sea aún más asombrosa. Además, estar al aire libre puede ayudar a los niños a relajarse y a concentrarse mejor, y alejarlos de las distracciones tecnológicas y del ruido de la vida cotidiana.

Sin embargo, hay algunos aspectos que considerar cuando se planea una reunión al aire libre:

- Es importante elegir un lugar que sea seguro y relativamente tranquilo. Un rincón apartado del parque, lejos de las áreas de juego bulliciosas, puede ser ideal.
- También es fundamental tener en cuenta las condiciones climáticas. Un día soleado es perfecto para la lectura al aire libre, pero siempre es bueno tener un plan B en caso de mal tiempo.
- Llevar una manta grande para que los niños se sienten cómodamente, algunas sillas plegables para los adultos y una cesta con libros y refrigerios puede hacer que la experiencia de lectura al aire libre sea perfecta. Además, los parques ofrecen la oportunidad de combinar la lectura con otras actividades divertidas, como juegos o exploraciones, que pueden complementar la historia que se está leyendo.

CREANDO UN AMBIENTE MÁGICO

Independientemente del lugar que elijas para las reuniones del club de lectura, es fundamental crear un ambiente que sea acogedor, inspirador y propicio para la lectura. Resumamos a continuación algunas ideas para transformar cualquier espacio en un lugar donde la magia de la lectura pueda florecer:

- Ambiente acogedor: asegúrate de que el espacio sea cómodo y amigable. Usa cojines, alfombras y muebles a la altura de los niños para crear un ambiente que invite a sentarse y leer. La iluminación suave y natural puede hacer que el espacio sea más cálido y atractivo.
- Minimizar distracciones: reduce las distracciones al mínimo. Apaga la televisión y los teléfonos móviles, y elige un lugar que esté alejado del ruido y la actividad constantes. Esto ayudará a los niños a concentrarse en la lectura y a sumergirse en las historias.
- Decoración temática: considera la posibilidad de decorar el espacio con temas relacionados con la lectura. Puedes usar carteles de libros, ilustraciones de cuentos favoritos o incluso crear un rincón de lectura con temas específicos que cambien regularmente para mantener el interés de los niños.
- Acceso a libros: asegúrate de que los libros estén al alcance de los niños. Usa estanterías bajas y cajas de libros para que los niños puedan ver y elegir los libros por sí mismos. Esto no solo fomenta la independencia, sino que también hace que los libros sean una parte integral y accesible del espacio. No tengas miedo a que los libros se deterioren. Eso es parte de su función, son objetos vividos.
- Elementos sensoriales: incorpora elementos sensoriales que puedan enriquecer la experiencia de lectura. Cojines suaves, mantas acogedoras y juguetes que los niños puedan manipular mientras escuchan historias pueden hacer que el tiempo de lectura sea más agradable y estimulante.
- Zonas de lectura designadas: ve rotando las distintas modalidades, crea diferentes zonas de lectura para diferentes actividades. Puede haber un área tranquila para la lectura en solitario, una zona de reunión para discusiones de grupo y un rincón acogedor para la lectura en voz alta.

Esto ayuda a los niños a asociar diferentes actividades de lectura con diferentes espacios.

- Materiales complementarios: proporciona materiales que complementen las sesiones de lectura. Esto puede incluir papel y lápices para escribir o dibujar sobre las historias, disfraces para dramatizar escenas de libros o juegos de mesa basados en temas literarios. Estos materiales pueden hacer que la lectura sea más interactiva y divertida.

LA FLEXIBILIDAD DE LOS ESPACIOS

Un aspecto clave para el éxito de cualquier club de lectura es la flexibilidad. Ser capaz de adaptar el lugar de reunión a las necesidades y preferencias cambiantes de los niños es fundamental. Quizás algunos días se sientan más cómodos en la tranquilidad de una sala de estar, mientras que otros días prefieran la energía y la frescura de un parque. Esta flexibilidad no solo mantiene el interés de los niños, sino que también permite que el club de lectura se adapte a diferentes circunstancias y situaciones.

La posibilidad de cambiar de escenario también puede ser emocionante para los niños. Un día pueden estar explorando los rincones acogedores de una librería, y al siguiente pueden estar leyendo bajo el cielo azul de un parque. Esta variedad no solo hace que la experiencia de la lectura sea más rica y dinámica, sino que también ayuda a los niños a ver la lectura como una actividad que puede disfrutarse en cualquier lugar y en cualquier momento.

CONCLUSIÓN

El espacio donde se celebran las reuniones del club de lectura es crucial para el éxito del club. Desde el hogar acogedor hasta la vibrante librería, la tranquila biblioteca, el centro cívico estructurado o el parque al aire libre, cada espacio ofrece sus propias ventajas y puede ser adaptado para satisfacer las necesidades específicas de los niños en diferentes etapas de su desarrollo. Al crear un entorno que sea acogedor, inspirador y propicio para la lectura, podemos ayudar a los niños a descubrir la aventura de los libros y a desarrollar un amor por la lectura que los acompañará durante toda su vida.

ACTIVIDADES RECOMENDADAS

1. Decoración temática del espacio de lectura:
    - Descripción: cada reunión, los niños pueden decorar el espacio de lectura de acuerdo con el tema del libro que están leyendo. Por ejemplo, si el libro trata de piratas, el espacio puede decorarse como un barco pirata. ¡Cartulinas y lápices de colores!
    - Objetivo: hacer que el espacio de lectura sea atractivo y fomentar la conexión entre la historia y el entorno físico.

2. Lectura al aire libre en el parque:
    - Descripción: organiza una sesión de lectura al aire libre en un parque, donde los niños pueden disfrutar de la naturaleza mientras leen o escuchan historias.
    - Objetivo: combinar la lectura con la apreciación del entorno natural y hacer que la experiencia de lectura sea más dinámica y divertida.

3. Exploración de espacios literarios en la ciudad:
    - Descripción: realiza una visita a una librería o una biblioteca local, donde los niños puedan explorar los diferentes libros y participar en actividades de lectura.
    - Objetivo: fomentar el amor por la lectura y familiarizar a los niños con los recursos literarios disponibles en su comunidad.

5.

¿LECTURA DIRECTA O DIFERIDA?

¿QUÉ ES UNA LECTURA DIFERIDA Y UNA LECTURA DIRECTA?

Primero, aclaremos qué significan estos términos, que podrían sonar un poco técnicos, pero que en realidad son bastante sencillos.

Lectura diferida es la que los niños realizan en casa antes de la reunión del club de lectura. Imagina que los pequeños tienen la tarea de leer un libro durante el mes. Cuando llega el día de la reunión, todos se juntan para discutir sus impresiones, intercambiar ideas y responder preguntas sobre lo que leyeron. Este método permite a los niños leer a su propio ritmo, reflexionar sobre la historia y estar listos para compartir sus pensamientos con el grupo.

Por otro lado, la lectura directa es aquella que se realiza en la propia reunión del club. Aquí, un adulto lee en voz alta mientras los niños escuchan y participan activamente en la historia. Esta modalidad es perfecta para los más pequeños, ya que les permite experimentar la magia de las palabras a través de la narración en vivo, a menudo enriquecida con voces cambiantes y sonidos que capturan su atención.

Ambas modalidades tienen su lugar y sus beneficios en el club de lectura. A continuación, exploraremos cómo y cuándo usar cada una para aprovechar al máximo la experiencia de lectura de los niños.

EL ENCANTO DE LAS LECTURAS DIRECTAS PARA LOS MÁS PEQUEÑOS

Para los niños en las primeras franjas de edad, especialmente aquellos de cero a tres años, la lectura directa es simplemente mágica. Estos pequeños están empezando a descubrir el mundo y los libros son una ventana fascinante a nuevas historias y conceptos. Aquí es donde el papel del adulto como narrador se convierte en una pieza fundamental del puzle.

Los niños pequeños responden maravillosamente a la lectura en voz alta, especialmente cuando se hace de manera teatral. Usar diferentes voces para los personajes, incorporar onomatopeyas y hacer gestos animados puede transformar una simple historia en una experiencia encantadora. Piensa en la diferencia que hay entre leer «El lobo dijo ¡auuu!» en un tono monótono, y hacerlo con una voz profunda y dramática que realmente hace aullar al lobo. ¿Adivinas cuál captará más la atención de un niño?

En esta etapa, también es muy beneficioso incluir en las lecturas pequeños poemas de rima fácil, nanas o canciones. Pero hay un truco importante: asegúrate de que estas canciones y poemas estén en un libro. Esto ayuda a los niños a asociar el libro como objeto con la historia o la canción que están escuchando. Por ejemplo, leer un libro que contiene una nana y luego cantarla juntos puede reforzar esa conexión.

Y no olvidemos la importancia de involucrar a los niños en la historia con pequeñas preguntas. ¿De qué color era la vaca? ¿Cómo se llama la princesa que salvaba al rey? Estas preguntas no solo mantienen a los niños atentos, sino que también fomentan su participación. Pero, ¡ojo!, todo esto debe hacerse en un tono de juego, sin presión, para que los niños sientan que están participando en una aventura divertida, no en una prueba.

La lectura directa no solo capta la atención de los niños, sino que también desarrolla su amor por los libros y las historias. Escuchar a un adulto leer en voz alta les ayuda a comprender el ritmo y la fluidez del lenguaje, y a ampliar su vocabulario. Además, es una excelente manera de fortalecer el vínculo entre el niño y el adulto, ya que comparten juntos esos momentos especiales de lectura.

LA EVOLUCIÓN HACIA LAS LECTURAS DIFERIDAS

A medida que los niños crecen y desarrollan sus habilidades de lectura, podemos comenzar a introducir la modalidad de lectura diferida. Esta opción es ideal para los niños que ya saben leer de manera autónoma, generalmente a partir de los siete u ocho años. En esta etapa, los niños pueden asumir el desafío de leer un libro en casa por su cuenta y luego discutirlo en la reunión del club.

La lectura diferida tiene varios beneficios. En primer lugar, permite a los niños leer a su propio ritmo, lo cual es crucial ya que cada niño tiene su propia velocidad de lectura y nivel de comprensión. Al leer en casa, pueden tomarse su tiempo para reflexionar junto a los adultos sobre la historia y los personajes, y desarrollar sus propias ideas y opiniones.

Cuando llega el momento de la reunión del club, la discusión se convierte en el punto focal. Aquí es donde los moderadores juegan un papel crucial al guiar el debate y animar a todos los niños a participar. Facilitar una batería de preguntas puede ser una excelente manera de iniciar la conversación. Preguntas como «¿Te ha gustado el libro? ¿Por qué sí o por qué no?» son un buen punto de partida. Desde allí, los niños pueden profundizar en temas más específicos sobre la trama, los personajes y los mensajes del libro.

Además, las lecturas diferidas fomentan la responsabilidad y la autonomía. Los niños aprenden a gestionar su tiempo y a completar la lectura dentro de un plazo determinado. Esta experiencia les ayuda a desarrollar habilidades organizativas y de gestión del tiempo, que son útiles no solo para la lectura, sino para su vida diaria.

Es fundamental que, independientemente de la modalidad de lectura que se esté utilizando, los niños lleven siempre el libro a la reunión. Esto no solo refuerza la conexión entre el libro y la actividad del club, sino que también permite a los niños referirse a partes específicas del texto durante la discusión. Tener el libro en la mano hace que la experiencia sea más tangible y ayuda a los niños a sentirse más involucrados en la conversación.

ELEGIR LA MODALIDAD ADECUADA PARA CADA GRUPO

La elección entre lectura directa y lectura diferida depende en gran medida de la edad y el nivel de desarrollo de los niños en el club de lectura. Para los más pequeños, la lectura directa es claramente la opción más efectiva. Permite a los adultos capturar la atención de los niños y hacer que las historias cobren vida de una manera que es difícil de lograr solo con la lectura en solitario.

Para los niños mayores, que ya han desarrollado habilidades de lectura básicas, la lectura diferida es una excelente manera de fomentar la independencia y la reflexión crítica. Sin embargo, eso no significa que la lectura directa deba abandonarse por completo. Incluso los niños mayores pueden beneficiarse de la lectura en voz alta en ciertos contextos, como la introducción a un libro nuevo o la lectura de un capítulo especialmente importante o emocionante.

En algunos casos, una combinación de ambas modalidades puede ser la mejor opción. Por ejemplo, los niños pueden leer la mayor parte del libro en casa (lectura diferida) y luego tener una sesión de lectura en voz alta para el capítulo final en la reunión del club (lectura directa). Esta mezcla puede mantener el interés de los niños y ofrecer lo mejor de ambos mundos.

CÓMO IMPLEMENTAR LA LECTURA DIRECTA Y DIFERIDA

A continuación, exploraremos algunas estrategias prácticas para implementar tanto la lectura directa como la diferida en tu club de lectura:

1. Para las lecturas directas:

- Elige libros que sean adecuados para la lectura en voz alta. Busca libros con un ritmo agradable, diálogos vibrantes y oportunidades para la dramatización. Los libros con rimas y repetición son especialmente efectivos para los más pequeños.
- Prepárate para hacer la lectura animada. Usa diferentes voces para los personajes, gestos y expresiones faciales para añadir dramatismo. No temas exagerar un poco; los niños responderán positivamente a tu entusiasmo.
- Incorpora elementos interactivos. Haz preguntas durante la lectura, pide a los niños que imiten sonidos o que adivinen lo que sucederá a continuación. Esto no solo mantiene su atención, sino que también los involucra activamente en la historia.
- Crea un ambiente acogedor. Asegúrate de que el espacio sea cómodo y libre de distracciones.

2. Para las lecturas diferidas:

- Proporciona una lista de preguntas orientativas. Antes de que los niños lean el libro en casa, dales una serie de preguntas para pensar mientras leen. Esto puede ayudarles a enfocarse en aspectos importantes de la historia y prepararse para la discusión.

- Anima a los niños a llevar un diario de lectura. Esto puede ser un lugar donde escriban sus pensamientos y reacciones mientras leen. Revisar estos diarios durante la reunión del club puede enriquecer la discusión.
- Fomenta la preparación y la responsabilidad. Asegúrate de que los niños entiendan la importancia de leer el libro antes de la reunión. Esto no solo los prepara para la discusión, sino que también les enseña a gestionar su tiempo y sus tareas.
- Facilita una discusión abierta y respetuosa. Durante la reunión, crea un ambiente donde todos se sientan cómodos compartiendo sus opiniones. Valora todas las contribuciones y asegúrate de que cada niño tenga la oportunidad de hablar.

EL ROL DEL MODERADOR EN AMBAS MODALIDADES

El papel del moderador es fundamental tanto en las lecturas directas como en las diferidas. En la lectura directa, el moderador actúa como el narrador principal, guiando la historia y manteniendo la atención de los niños. Su habilidad para dramatizar y hacer interactiva la lectura puede transformar la experiencia de los niños.

En la lectura diferida, el moderador es el facilitador de la discusión. Su tarea es guiar la conversación, hacer preguntas que profundicen en la comprensión de los niños y asegurar que todos tengan la oportunidad de participar. Un buen moderador sabe cuándo intervenir para mantener el foco en la discusión y cuándo dejar que los niños tomen el liderazgo.

Además, el moderador debe ser flexible y saber adaptarse, capaz de cambiar de tono o ajustar el enfoque según las necesidades del grupo. Por ejemplo, si un niño tiene dificultades con la lectura diferida, el moderador puede sugerir una sesión de lectura en voz alta para ayudarle a ponerse al día.

LA IMPORTANCIA DE LLEVAR EL LIBRO

Un aspecto crucial, independientemente de la modalidad de lectura que se elija, es que los niños lleven siempre el libro a la reunión del club. Tener el libro presente no solo refuerza la conexión entre la historia y la actividad del club, sino que también permite a los niños referirse al texto durante el debate. Esto hace que la experiencia sea más tangible y ayuda a los niños a sentirse más involucrados en la conversación.

Llevar el libro a las reuniones del club de lectura es fundamental porque refuerza la conexión entre los niños y la historia que están explorando. Tener el libro físico en sus manos les permite relacionarse más profundamente con el texto. Pueden volver a leer sus pasajes favoritos, buscar ilustraciones que les hayan llamado la atención y encontrar detalles que quizás se les hayan escapado en la primera lectura.

Durante el debate, es común que surjan preguntas y comentarios sobre detalles específicos de la historia. Tener el libro a mano permite a los niños buscar rápidamente la información que necesitan. Esto es especialmente útil cuando se discuten aspectos complejos de la trama, personajes o escenarios. Además, esta práctica fomenta la habilidad de localizar información dentro de un texto, algo que es crucial para el desarrollo de sus habilidades de lectura y comprensión. Es muy práctico que enseñemos a los niños a señalar esos pasajes con notas adhesivas o subrayando con un lápiz. Que no tengan miedo a «vivir» los libros con respeto.

Traer el libro a cada reunión también enseña a los niños una lección importante sobre la responsabilidad. Al encargarse de llevar su propio libro, aprenden a ser responsables de sus pertenencias y a prepararse adecuadamente para las actividades del club.

También sienten un sentido de propiedad y orgullo por su lectura. Este sentimiento de propiedad puede aumentar su motivación e interés en el club de lectura. Saber que han leído y comprendido el libro les da confianza para participar y compartir sus ideas con el grupo. Además, ver a sus compañeros con sus propios libros puede crear un sentido de comunidad y camaradería.

Consejos para que no se olviden de llevar el libro a las reuniones:

Recordatorios previos a la reunión

- El moderador o el adulto que realice ese rol debe enviar recordatorios a los padres y a los niños un día antes de la reunión para asegurarse de que todos recuerden traer su libro.

Lista de control personal

- Anime a los niños a crear una lista de control personal en su diario de lectura donde marquen los elementos que deben llevar a cada reunión, incluyendo el libro.

Preparación conjunta

- Dedique unos minutos al final de cada reunión para recordar a los niños la importancia de traer el libro la próxima vez y verificar que todos sepan cuál es el libro que se discutirá.

ACTIVIDADES RECOMENDADAS

1. Club de lectura en voz alta para niños pequeños:

- Descripción: organiza reuniones donde se lean cuentos en voz alta con dramatizaciones y cambios de voz. Después de la lectura, se pueden hacer preguntas sobre la historia. Siempre teniendo en cuenta la edad de los peques.
- Objetivo: mantener la atención de los niños más pequeños y hacer que la lectura sea una experiencia divertida y participativa. Música, marionetas, juegos...

2. Diario de lectura para lecturas diferidas:

- Descripción: anima a los niños mayores a llevar un diario donde escriban sus impresiones y dudas sobre los libros que leen en casa.
- Objetivo: fomentar la reflexión y el análisis personal, y ayudar a los niños a preparar sus ideas para la discusión en el club de lectura.

3. Debate sobre personajes para lecturas diferidas:

- Descripción: organiza un debate donde cada niño elija un personaje del libro que han leído y explique por qué ese personaje es su favorito o qué cambiaría de él.
- Objetivo: fomentar el pensamiento crítico y la capacidad de argumentar y defender sus opiniones sobre los personajes de la historia.

AMAMOS
LEER
LECTURA

6.

HORARIOS Y FRECUENCIA DE LAS REUNIONES

EL EQUILIBRIO PERFECTO: NI DEMASIADO, NI MUY POCO

La vida de un niño está llena de actividades y estímulos. Entre la escuela, las tareas, las clases extraescolares y el tiempo de juego, sus días están bien ocupados. Por eso, es crucial encontrar un equilibrio adecuado entre la duración y la frecuencia de las reuniones del club de lectura. No queremos sobrecargar a nuestros pequeños lectores, pero tampoco queremos que las reuniones estén tan espaciadas que se olviden de la historia o pierdan el entusiasmo.

Pensemos en esto como si estuviéramos cuidando una planta delicada. Si la regamos demasiado, corremos el riesgo de ahogarla; si la regamos muy poco, se secará. Del mismo modo, si programamos reuniones demasiado seguidas, los niños podrían sentirse abrumados. Por otro lado, si dejamos pasar demasiado tiempo entre reuniones, podríamos perder ese precioso impulso de emoción y curiosidad que se genera después de leer un buen libro.

Para las lecturas diferidas, donde los niños leen el libro en casa y luego se reúnen para discutirlo, la espera puede ser especialmente problemática. Imagina a un niño que acaba de terminar un libro emocionante y está lleno de ideas y preguntas. Si tiene que esperar demasiado para la próxima reunión, su entusiasmo podría desvanecerse. Y lo peor de todo, podría olvidarse de los detalles cruciales que quería compartir. Por lo tanto, una frecuencia regular y no demasiado espaciada es clave para mantener viva la chispa.

Por otro lado, las lecturas directas, donde el libro se lee en voz alta durante la reunión, no tienen este problema de retraso en el entusiasmo. Sin embargo, establecer una rutina regular es igualmente importante. La repetición y la previsibilidad ayudan a los niños a crear hábitos, y saber que hay una reunión de lectura cada semana o cada dos semanas puede darles algo que esperar con ansias.

¿CUÁNTO TIEMPO DEBEMOS REUNIRNOS?

La duración de las reuniones del club de lectura puede depender de varios factores, y encontrar la medida justa puede ser como afinar un instrumento musical. Queremos que las sesiones sean lo suficientemente largas para que los niños puedan implicarse en el debate o en la historia, pero no tanto como para que pierdan interés o se cansen.

- La capacidad de atención del niño: la capacidad de atención de un niño varía significativamente según su edad. Los más pequeños, especialmente aquellos de cero a tres años, tienen una capacidad de atención bastante limitada. Para ellos, sesiones de quince a veinte minutos pueden ser más que suficientes. Un pequeño grupo de niños sentados en un círculo, escuchando una historia corta con entusiasmo, es probablemente el límite de su paciencia. Y eso está bien; queremos mantener la experiencia divertida y ligera.

A medida que los niños crecen, su capacidad de atención aumenta. Para los niños de cuatro a seis años, sesiones de treinta a cuarenta y cinco minutos pueden ser adecuadas. Este tiempo permite explorar historias un poco más largas y empezar a introducir pequeñas discusiones sobre los libros. Para los niños mayores, de ocho a diez años, reuniones de hasta una hora pueden ser productivas, lo que permite discusiones más profundas y tiempo para preguntas y respuestas.

Los preadolescentes, de once a trece años, pueden manejar sesiones aún más largas, quizás de sesenta a noventa minutos. En esta etapa, los niños están más interesados en debates detallados y pueden disfrutar de analizar aspectos complejos de las historias. Sin embargo, siempre es importante monitorear el interés y la energía del grupo. Si ves que las miradas comienzan a vagar y los bostezos aparecen, es una señal clara de que es hora de concluir.

- La disponibilidad de los adultos o del espacio: la disponibilidad de los adultos y del espacio donde se celebra la reunión también es un factor determinante. Si los encuentros se realizan en domicilios, hay que coordinar con los padres anfitriones y asegurarse de que todos se sientan cómodos con la duración. No queremos convertir la reunión en una invasión maratónica que termine agotando a todos, incluidos los adultos.

  En espacios públicos como bibliotecas, librerías o centros cívicos, puede haber limitaciones de tiempo debido a las reservas de las salas o a los horarios de funcionamiento del lugar. Es crucial planificar con antelación y asegurarse de que se dispone de tiempo suficiente para cubrir las actividades planeadas sin prisas.
- El debate que provoque el libro: no todos los libros generan el mismo nivel de debate. Algunos libros pueden ins-

pirar discusiones animadas que se alargan naturalmente, mientras que otros pueden ser más directos y no dar tanto juego. Por ejemplo, un cuento sencillo para niños pequeños puede no requerir una discusión prolongada, mientras que una novela juvenil con una trama compleja y personajes profundos puede mantener a los niños mayores hablando y debatiendo durante mucho tiempo.

Como moderador o adulto a cargo, es importante estar atento a las dinámicas del grupo. Si ves que el debate está decayendo, puedes intentar reavivarlo con preguntas interesantes o llevando la discusión a un tema relacionado pero nuevo. Sin embargo, también es crucial saber cuándo es el momento de cerrar. No queremos que los niños sientan que la reunión se está alargando innecesariamente.

¿CÓMO CREAR UNA RUTINA Y SER FLEXIBLE?

Establecer una rutina regular para las reuniones del club de lectura es esencial para crear un hábito duradero. A los niños les encanta tener una rutina, y saber que tienen una reunión de lectura cada semana o cada dos semanas les da algo que esperar con ganas. Además, las reuniones regulares ayudan a los niños a mantenerse conectados con los libros y con sus compañeros de lectura.

Para los más pequeños, podrías considerar reuniones semanales. Estas sesiones cortas y frecuentes son perfectas para mantener el interés y la atención de los niños pequeños. Unas semanas podrían centrarse en cuentos ilustrados, otras en canciones o poemas, siempre con el objetivo de mantener las cosas frescas y emocionantes.

Para los niños mayores, una reunión cada dos o tres semanas podría ser más adecuada. Esto les da tiempo suficiente para leer el libro asignado en casa y estar listos para una discusión significativa en la próxima reunión. Además, este ritmo permite a los niños manejar mejor sus otras responsabilidades escolares y extraescolares sin sentirse abrumados.

Sin embargo, la flexibilidad es clave. Aunque es útil tener una rutina, también es importante ser adaptable. La vida puede ser impredecible, y a veces las cosas no salen según lo planeado. Si necesitas reprogramar una reunión o ajustar la duración, está bien. Lo más importante es mantener el espíritu de la lectura y la camaradería en el club.

EJEMPLOS PRÁCTICOS Y CONSEJOS ÚTILES

Para ilustrar cómo puede funcionar esto en la práctica, consideremos algunos ejemplos y consejos:

- Ejemplo para los más pequeños (cero a tres años): supongamos que tienes un grupo de niños de dos años. Podrías organizar reuniones semanales de veinte minutos en las casas de los participantes, rotando cada semana. Cada sesión podría incluir la lectura en voz alta de un libro ilustrado, acompañada de canciones relacionadas con la historia. Asegúrate de tener un pequeño *snack* o juego después para que los niños asocien la reunión con una experiencia positiva y divertida.
- Ejemplo para niños de cuatro a seis años: para un grupo de niños de cinco años, podrías optar por reuniones cada dos semanas en una librería local. Estas sesiones podrían durar treinta minutos e incluir la lectura teatral de un cuento seguida de una breve discusión y una actividad manual relacionada con el libro. Esto mantiene la reunión estructurada y divertida, y también ofrece tiempo suficiente entre reuniones para que los niños anticipen y se preparen para la próxima.
- Ejemplo para niños de ocho a diez años: imagina un grupo de niños de nueve años. Podrías programar reu-

niones quincenales de una hora en la biblioteca local. Los niños leerían el libro en casa (lectura diferida) y llevarían sus ejemplares a la reunión. El tiempo en la reunión se dividiría entre discutir el libro con una serie de preguntas preparadas y explorar la biblioteca para elegir el próximo libro del club. Esto fomenta la independencia en la lectura y la exploración de nuevos libros.

- Ejemplo para preadolescentes de once a trece años: para un grupo de preadolescentes, podrías planificar reuniones mensuales de noventa minutos en un centro cívico. Cada niño leería el libro asignado en casa y vendría preparado para una discusión en profundidad. El moderador (que sería uno de los niños rotando los turnos) podría facilitar el debate y luego permitir que los niños tomen el liderazgo para compartir sus pensamientos. Al final de la reunión, podría haber un espacio para que los niños presenten y defiendan sus elecciones para el próximo libro, desarrollando habilidades de presentación y persuasión.

ESTRATEGIAS PARA REAVIVAR EL DEBATE

En cualquier reunión del club de lectura, puede haber momentos en que la conversación decaiga. Aquí es donde la habilidad del moderador para reavivar el debate se convierte en crucial. Aquí van algunas estrategias que podrían ayudarte:

- Preguntas de exploración: prepara una lista de preguntas abiertas que inviten a los niños a pensar más profundamente sobre la historia. Preguntas como «¿Qué harías tú si estuvieras en el lugar del protagonista?» o «¿Cómo crees que se sintió el personaje en ese momento?» pueden estimular una reflexión más profunda.
- Conectar con la vida real: relaciona los temas del libro con situaciones que los niños puedan haber experimentado en

la vida real. Pregunta cosas como «¿Alguna vez has sentido lo mismo que este personaje?» o «¿Has estado en una situación similar?». Esto puede ayudar a los niños a ver la relevancia personal de la historia y a compartir sus propias experiencias.

- Uso de actividades: a veces, una actividad práctica puede revitalizar la energía del grupo. Considera usar juegos de roles, dramatizaciones o incluso debates amigables sobre temas controvertidos en el libro. Estas actividades pueden hacer que la discusión sea más dinámica y entretenida.
- Respetar el silencio: a veces, una pausa silenciosa puede ser tan poderosa como una pregunta bien formulada. Permitir unos momentos de silencio puede dar a los niños tiempo para procesar y reflexionar antes de compartir sus pensamientos.

Encontrar el equilibrio perfecto entre la duración y la frecuencia de las reuniones del club de lectura puede parecer un desafío, pero, con un poco de planificación y flexibilidad, es totalmente alcanzable. Recuerda que cada grupo de niños es único, y lo que funciona para uno puede no ser adecuado para otro. La clave está en ser observador, receptivo y estar dispuesto a ajustar las cosas según sea necesario.

Establecer una rutina regular puede ayudar a crear un hábito de lectura y mantener el entusiasmo de los niños, mientras que la flexibilidad permite adaptarse a las necesidades y circunstancias cambiantes. Ya sea que estés leyendo cuentos en voz alta a un grupo de pequeños en una sala de estar, discutiendo una novela en una biblioteca, o explorando un libro en un parque al aire libre, lo más importante es que los niños se sientan valorados, comprometidos y emocionados por la lectura.

ACTIVIDADES RECOMENDADAS

1. Calendario de reuniones:

- Descripción: ayuda a los niños a crear un calendario visual donde marquen las fechas de las reuniones del club de lectura y los libros que van a leer.
- Objetivo: enseñar a los niños la importancia de la planificación y la gestión del tiempo, y mantenerlos entusiasmados con las próximas reuniones.

2. Encuestas de disponibilidad:

- Descripción: realiza una breve encuesta entre los padres y niños para determinar la mejor frecuencia y horario para las reuniones, ajustándolos a las necesidades del grupo.
- Objetivo: asegurar que las reuniones se programen en un momento que sea conveniente para la mayoría y que no cause estrés adicional a las familias.

3. Reunión de ajuste de duración:

- Descripción: organiza una reunión especial donde los niños discutan qué duración y frecuencia de reuniones prefieren, y ajusta el calendario en función de sus opiniones.
- Objetivo: involucrar a los niños en la toma de decisiones sobre el club y asegurarse de que las reuniones sean agradables y adecuadas para todos.

7.

¿QUIÉN MODERA?

EL MODERADOR: PILAR FUNDAMENTAL DEL CLUB DE LECTURA

Empecemos por definir lo que entendemos por un moderador en un club de lectura. Un moderador es alguien que guía las discusiones, facilita las actividades y asegura que todos los participantes se sientan incluidos y valorados. En pocas palabras, es la persona que mantiene el barco en rumbo, navegando suavemente a través de las olas de la conversación y la curiosidad.

La figura del moderador es especialmente crucial en los clubs de lectura para niños. Un buen moderador puede hacer que las reuniones sean emocionantes y educativas, mientras que un mal moderador puede convertirlas en una experiencia aburrida o incluso frustrante. No estamos exagerando cuando decimos que el éxito de un club de lectura puede depender en gran medida de la habilidad y el enfoque del moderador.

Entonces, ¿qué hace a un buen moderador? Un buen moderador es alguien que sabe escuchar, que es paciente, y que puede guiar la conversación de manera que todos se sientan escuchados y respetados. También es alguien que puede resolver conflictos de manera efectiva, asegurarse de que todos tengan su turno para hablar y mantener la energía y el entusiasmo del grupo. Pero no nos adelantemos; vamos a desglosar estas cualidades y cómo aplicarlas tanto para moderadores adultos como para los pequeños aspirantes a moderadores en formación.

MODERADORES ADULTOS: LOS GUARDIANES DE LA DINÁMICA DEL CLUB

Cuando hablamos de moderadores adultos en un club de lectura para niños, nos referimos a los padres, maestros o voluntarios que se encargan de dirigir las reuniones y guiar a los niños en su viaje literario. Este papel no es solo una cuestión de supervisión, sino de facilitar una experiencia enriquecedora y divertida. Y para esto habrá que tener en cuenta lo siguiente:

- Escuchar y facilitar: un buen moderador es ante todo un buen oyente. Escuchar activamente a los niños y facilitar la conversación de manera que todos tengan la oportunidad de compartir sus pensamientos es crucial. No se trata de dirigir la conversación de manera rígida, sino de guiarla suavemente, permitiendo que los niños exploren sus ideas y se sientan cómodos expresándose.

  Por ejemplo, si un niño está hablando sobre cómo se siente identificado con un personaje del libro, el moderador podría preguntar: «¿Alguien más se ha sentido así alguna vez?». Esta pregunta no solo valida la experiencia del niño, sino que también invita a los demás a compartir sus propias historias, enriqueciendo la discusión.
- Mantener el equilibrio: los niños tienen diferentes niveles de participación. Algunos pueden ser muy entusiastas y querer hablar todo el tiempo, mientras que otros pueden ser más tímidos y necesitar un poco de estímulo para compartir sus pensamientos. El moderador debe

encontrar el equilibrio adecuado, animar a los más reservados a participar y asegurarse de que los más habladores no dominen la conversación.

Imaginemos que en una reunión un niño ha estado hablando mucho mientras otro no ha dicho una palabra. El moderador podría decir algo como: «¡Gracias, Pedro, ¡por compartir tus ideas! Me encantaría saber qué piensas tú, María». Esta simple intervención puede hacer que María se sienta valorada y animada a participar.

- Resolver conflictos con tacto: los conflictos pueden surgir en cualquier grupo, y los clubs de lectura no son la excepción. Pueden surgir desacuerdos sobre el libro, malentendidos entre los niños, o simplemente competencia por tener la palabra. Un buen moderador debe estar preparado para manejar estos conflictos de manera calmada y constructiva.

  Supongamos que dos niños están discutiendo sobre el final de una historia. En lugar de permitir que el desacuerdo se intensifique, el moderador podría intervenir diciendo: «Es interesante escuchar diferentes puntos de vista. Vamos a explorar cómo cada uno llegó a su conclusión y ver si podemos aprender algo nuevo de cada opinión».

- Adaptabilidad y flexibilidad: cada reunión puede presentar nuevos desafíos y oportunidades. Un moderador efectivo debe ser adaptable y estar dispuesto a cambiar de plan si es necesario. Si una actividad no está funcionando o si los niños están particularmente interesados en un tema, el moderador debe ser capaz de ajustarse a las necesidades del grupo.

  Por ejemplo, si durante una discusión sobre un libro los niños muestran un gran interés en los animales del relato, el moderador podría improvisar una actividad relacionada, como dibujar sus animales favoritos o compartir hechos interesantes sobre esos animales.

- Fomentar la inclusión: un club de lectura debe ser un espacio donde todos se sientan bienvenidos y valorados. El moderador juega un papel crucial en crear este ambiente inclusivo. Esto significa ser consciente de las dinámicas del grupo y asegurarse de que todos tengan la oportunidad de participar, independientemente de sus habilidades o niveles de confianza.

  Un moderador podría decir algo como: «Hoy todos hemos compartido grandes ideas sobre el libro. La próxima vez, vamos a intentar escuchar más a aquellos que no han hablado mucho hoy». Esto muestra a los niños que cada voz es importante y fomenta un ambiente de respeto y colaboración.

MODERADORES INFANTILES: PREPARÁNDOSE PARA LIDERAR

Ahora, hablemos de los moderadores infantiles. Involucrar a los niños en el rol de moderador no solo es una excelente manera de enseñarles habilidades de liderazgo, sino que también les da una comprensión más profunda de la dinámica del grupo y la importancia del respeto y la empatía. Y, como si eso no fuera suficiente, ¡es una experiencia increíblemente divertida y gratificante para ellos!

- Rotación del moderador: una de las mejores formas de asegurar que todos los niños tengan la oportunidad de ser moderadores es rotar el papel. Cada reunión, un niño diferente puede asumir el rol de moderador. Esto no solo evita que el poder se concentre en un solo niño, sino que también permite que todos experimenten la responsabilidad y los desafíos del liderazgo.

Por ejemplo, en un grupo de cinco niños, puedes tener a cada uno como moderador en cada sesión. Esto les da a todos la oportunidad de prepararse y llevar a cabo la tarea. Puedes incluso hacer un calendario de moderación que los niños puedan ver, para que sepan cuándo será su turno y puedan anticiparse con entusiasmo.

- Entrenamiento y apoyo: ser moderador puede ser una gran responsabilidad, especialmente para los niños más jóvenes. Es importante brindarles el apoyo y la orientación que necesitan para tener éxito. Esto podría incluir discutir con ellos sobre cómo hacer preguntas, cómo manejar los turnos de palabra y cómo resolver conflictos de manera justa.

  Antes de que un niño asuma el rol de moderador, podrías tener una pequeña sesión de entrenamiento donde practiques con ellos lo que podrían decir y cómo podrían manejar diferentes situaciones. Esta práctica no solo les da confianza, sino que también les proporciona herramientas para ser moderadores efectivos.

- Fomentar la empatía y el respeto: uno de los mayores beneficios de ser moderador es aprender a entender y respetar a los demás. Los moderadores infantiles deben ser alentados a considerar los sentimientos y perspectivas de sus compañeros. Esto no solo mejora la dinámica del grupo, sino que también les enseña habilidades valiosas de empatía y comunicación.

  Imagina que, durante una discusión, el moderador niño nota que alguien no está participando. Podría preguntar: «¿Qué piensas tú, Ana? Me encantaría escuchar tu opinión». Este pequeño gesto puede hacer que Ana se sienta incluida y valorada, y enseña al moderador la importancia de la empatía y la consideración.

- Manejar el turno de palabra: una de las tareas más importantes de un moderador es asegurarse de que todos tengan su turno para hablar. Para los moderadores infantiles, esto puede ser un desafío, pero también es una excelente oportunidad para aprender sobre justicia y organización.

Podrías enseñar a los niños a usar una «bola de hablar» u otro objeto que pase entre los participantes, indicando quién tiene el turno de hablar. Esto no solo ayuda a mantener el orden, sino que también hace que el manejo de la conversación sea un juego divertido.

- Aprender de los errores: ser moderador es una habilidad que se desarrolla con la práctica, y es importante que los niños entiendan que está bien cometer errores. Lo importante es aprender de ellos y seguir mejorando. Si un moderador infantil se enfrenta a un desafío o comete un error, el adulto puede intervenir suavemente para guiar la situación y luego discutir en privado cómo podrían manejarlo de manera diferente la próxima vez.

  Por ejemplo, si un niño moderador olvida preguntar a alguien por su opinión, el adulto puede decir: «Me parece que no hemos escuchado a Carlos hoy. ¿Podrías pedirle su opinión antes de seguir adelante?». Luego, después de la reunión, podrían hablar sobre cómo recordar incluir a todos la próxima vez.

MODERADORES ADULTOS QUE ROTAN: UNA EXPERIENCIA COMPARTIDA

Así como es beneficioso rotar el papel de moderador entre los niños, también puede ser útil hacerlo entre los adultos que supervisan el club. Cada adulto trae su propio estilo y enfoque a la moderación, lo que puede enriquecer la experiencia para los niños y mantener las cosas frescas y dinámicas.

- Diversidad de estilos y perspectivas: al tener diferentes adultos moderando las reuniones, los niños pueden beneficiarse de una variedad de estilos y enfoques. Un adulto puede ser muy animado y teatral, perfecto para captar la atención de los más pequeños, mientras que otro puede ser más reflexivo y estructurado, ideal para facilitar discusiones profundas con los niños mayores.

  Esta diversidad también puede enseñar a los niños a adaptarse a diferentes estilos de liderazgo y a apreciar las diferentes formas en que las personas pueden guiar y apoyar a un grupo.
- Compartir la carga de trabajo: moderar un club de lectura puede ser una tarea exigente, y rotar el papel entre varios adultos puede ayudar a compartir la carga de trabajo. Esto también permite a cada adulto tener la oportunidad de participar en las reuniones de manera más relajada cuando no están moderando, disfrutando de la experiencia desde la perspectiva de un participante.
- Fomentar la colaboración y el trabajo en equipo: la rotación de moderadores adultos también fomenta un sentido de colaboración y trabajo en equipo entre los supervisores. Al planificar y coordinar sus roles, los adultos pueden aprender unos de otros y mejorar continuamente sus habilidades de moderación.

  Por ejemplo, un adulto que es particularmente bueno en manejar discusiones animadas puede compartir sus estrategias con otros, mientras que alguien que es excelente en resolver conflictos puede ofrecer consejos sobre cómo manejar situaciones difíciles.
- Adaptarse a las preferencias de los niños: los niños pueden tener diferentes preferencias sobre qué tipo de moderador les gusta más. Al rotar los moderadores, puedes descubrir qué enfoques y estilos funcionan mejor para el grupo y ajustar en consecuencia. Esto también da a los

niños la oportunidad de experimentar y adaptarse a diferentes formas de liderazgo.

Podrías incluso pedir retroalimentación a los niños sobre qué aspectos de cada moderador les gustaron más, lo que no solo ayuda a mejorar la experiencia del club, sino que también les enseña a expresar sus opiniones de manera constructiva.

EJEMPLOS PRÁCTICOS Y CONSEJOS ÚTILES

Veamos cómo pueden aplicarse estas ideas en la práctica con algunos ejemplos y consejos útiles:

- Ejemplo para moderadores adultos: imagina que estás moderando una reunión de niños de siete años que han leído un libro sobre aventuras en la selva. Durante la discusión, notas que algunos niños están más callados que otros. Puedes preguntar: «¿Alguien ha visitado alguna vez una selva o ha visto animales salvajes en la vida real?». Esta pregunta abierta invita a todos a participar y compartir sus experiencias, haciendo que la discusión sea más inclusiva.
- Ejemplo para moderadores infantiles: supongamos que es el turno de Ana de nueve años de ser la moderadora. Le has dado una breve capacitación y ella está lista para guiar la reunión. Durante la discusión, uno de los niños empieza a interrumpir constantemente. Ana podría decir: «Me gusta mucho que tengas tantas ideas, pero necesitamos escuchar a todos. ¿Puedes esperar tu turno y luego contarnos?». Esto no solo refuerza la importancia de respetar el turno de palabra, sino que también le da a Ana la oportunidad de practicar sus habilidades de liderazgo.
- Ejemplo para la rotación de moderadores: en un club de lectura con tres adultos supervisores, cada uno

podría tomar turnos para moderar una reunión mensual. Uno podría centrarse en leer en voz alta y teatralizar la historia, otro en organizar actividades creativas relacionadas con el libro, y el tercero en facilitar discusiones profundas sobre los temas del libro. Esta variedad mantiene el club interesante y dinámico para los niños.

- Consejo para fomentar la empatía: puedes organizar una actividad donde los niños escriban en tarjetas algo que les gusta de cómo sus compañeros moderan las reuniones. Luego, leen estas tarjetas en voz alta durante la reunión. Esta actividad no solo fomenta la empatía y el respeto, sino que también da a los moderadores infantiles una retroalimentación positiva y refuerza sus habilidades de liderazgo.
- Consejo para resolver conflictos: si surge un conflicto durante una discusión, puedes usar la técnica del «hablar en tercera persona». En lugar de decir «Pedro, estás interrumpiendo a Juan», podrías decir: «A veces, cuando alguien interrumpe, otros no tienen la oportunidad de compartir sus ideas. ¿Cómo podemos asegurarnos de que todos tengan su turno para hablar?». Esto desvía la atención del conflicto personal y enfoca al grupo en encontrar una solución.

CONCLUSIÓN

La figura del moderador en un club de lectura para niños es fundamental para el éxito y la continuidad del grupo. Ya sea un adulto experimentado o un niño aprendiendo a liderar, el moderador tiene el poder de hacer que cada reunión sea una experiencia rica y gratificante. La rotación del rol de moderador, tanto para adultos como para niños, asegura que todos tengan la oportunidad de desarrollar habilidades valiosas y contribuyan a la dinámica del grupo.

Moderar no es solo una cuestión de guiar la discusión, sino de fomentar un ambiente de respeto, empatía y colaboración. Es una oportunidad para aprender y crecer juntos, para explorar nuevas ideas y perspectivas, y para construir una comunidad de lectores apasionados.

ACTIVIDADES RECOMENDADAS

1. Rueda de moderadores:
    - Descripción: crea un calendario rotativo donde cada niño tenga la oportunidad de ser el moderador en alguna reunión, con el apoyo de un adulto.
    - Objetivo: fomentar la responsabilidad, el liderazgo y la experiencia en la moderación entre los niños.
2. Entrenamiento de moderadores:
    - Descripción: organiza una sesión de entrenamiento para los niños sobre cómo ser un buen moderador, incluyendo cómo hacer preguntas y manejar conflictos.
    - Objetivo: preparar a los niños para el papel de moderador y asegurar que se sientan cómodos y capacitados para liderar las reuniones.
3. Simulación de moderación:
    - Descripción: realiza una simulación de moderación donde los niños practiquen ser moderadores en situaciones hipotéticas con desafíos comunes.
    - Objetivo: dar a los niños la oportunidad de practicar sus habilidades de moderación en un entorno seguro y recibir retroalimentación constructiva.

8.

LA BIBLIOTECA DEL NIÑO

En el blog de Julián Marquina[3], encontré una anécdota que una bibliotecaria compartió y que me pareció realmente bella. En una biblioteca infantil, un grupo de niños del jardín de infancia estaba de visita, disfrutando de los libros y del mágico ambiente que solo una biblioteca puede ofrecer. La maestra, después de una encantadora sesión de lectura y exploración, anunció que era hora de irse. Con una voz amable, les dijo a los niños: «Bueno, nos vamos. Saludamos a la biblioteca».

Los niños, emocionados por la experiencia, comenzaron a seguir a la maestra hacia la salida. Sin embargo, una pequeña se quedó rezagada. Mientras los demás se dirigían hacia la puerta, ella permaneció al final de la fila, mirando con ternura las estanterías llenas de libros. Con una inocencia y sinceridad que solo un niño puede tener, comenzó a tirar besos hacia los estantes, despidiéndose de cada uno de los libros como si fueran viejos amigos. Para ella, la indicación de la maestra de «saludar a la biblioteca» era algo literal y merecía un gesto tan cariñoso como lanzar besos.

Esta imagen de la niña despidiéndose con tanto cariño me tocó profundamente. Refleja la pureza y la conexión especial

3 www.julianmarquina.es

que los niños pueden tener con los libros y con los espacios que los albergan. En un mundo tan acelerado y a menudo desprovisto de pausas para la reflexión, este gesto simple y sincero nos recuerda la importancia de la lectura y el papel fundamental que las bibliotecas juegan en nuestras vidas.

LA IMPORTANCIA DE UNA BIBLIOTECA PERSONAL

Desde temprana edad, los libros pueden abrir puertas a mundos desconocidos y encender la chispa de la imaginación. Tener una biblioteca personal no solo facilita el acceso a estos mundos, sino que también fomenta un amor duradero por la lectura.

Imagina a un niño de dos años, con sus manos pequeñas hojeando un libro de cartón con ilustraciones coloridas. Ese libro no es solo un conjunto de páginas; es una puerta a un universo lleno de animales parlantes, aventuras emocionantes y colores brillantes. A medida que crecen, esta colección crece y se convierte en un reflejo de sus intereses, curiosidades y sueños. Tener una biblioteca personal en su propio espacio, ya sea su dormitorio o su cuarto de juegos, permite a los niños sentir que los libros son una parte integral de su vida cotidiana.

El acto de elegir y poseer libros desde una edad temprana también ayuda a los niños a desarrollar un sentido de propiedad y responsabilidad hacia sus lecturas. No se trata solo de acumular libros, sino de crear un espacio donde puedan explorar sus intereses, descubrir nuevos autores y géneros, y, sobre todo, sentir que tienen un lugar seguro donde pueden soñar a través de la lectura.

El espacio propio: el refugio literario del niño

Uno de los primeros pasos para fomentar el amor por los libros es crear un espacio dedicado a ellos en el territorio privado del niño. Este espacio puede ser una pequeña estantería en su dormitorio, una caja de libros en su cuarto de juegos, o incluso una esquina especial con un cojín cómodo y una luz suave donde pueda acurrucarse con un buen libro.

¿Por qué es tan importante tener una biblioteca en el propio espacio del niño? Porque ese pequeño rincón se convierte en su refugio literario, un lugar donde puede retirarse a explorar sus historias favoritas y encontrar consuelo en sus libros. Este espacio personal también les permite ver los libros como parte de su mundo, no solo como algo que se encuentra en la escuela o en la sala de estar de la familia.

Además, tener libros en su propio territorio ayuda a los niños a desarrollar rutinas de lectura. Pueden decidir leer un cuento antes de dormir, hojear un libro ilustrado después de la siesta, o simplemente perderse en una historia cuando tienen un momento de tranquilidad. Cada libro en su estantería es una invitación a una nueva aventura, y cada aventura es una oportunidad para enamorarse un poco más de la lectura.

Para los padres, ayudar a sus hijos a construir esta biblioteca puede ser una experiencia maravillosa y vinculante. Pueden pasar tiempo juntos eligiendo libros, organizándolos en la estantería y leyendo en voz alta. Este proceso no solo fortalece el vínculo entre padres e hijos, sino que también transmite el mensaje de que los libros y la lectura son valiosos y dignos de ser atesorados.

LA AVENTURA DE LOS BIBLIODESEOS

Otra forma fundamental de cultivar el amor por los libros es a través de visitas regulares a bibliotecas y librerías. Estos lugares no son solo almacenes de libros, son templos de descubrimiento y aventura. Al pasear por las estanterías, los niños tienen la oportunidad de explorar una amplia variedad de títulos y géneros, y de agregar nuevos libros a su lista de «bibliodeseos».

Los bibliodeseos son esos libros que los niños sueñan con leer algún día. Puede ser un libro que vieron en la estantería de la librería, una portada que capturó su imaginación, o una historia que escucharon de un amigo. Hacer una lista de bibliodeseos es una forma maravillosa de involucrar a los niños en el proceso de selección de libros y de mantener viva su emoción por la lectura y fomentar la práctica de esperar a que llegue lo que se desea.

Durante una visita a la librería, podrías decir algo como: «Hoy vamos a buscar tres libros que te gustaría leer algún día. Puedes escribir sus títulos o dibujar las portadas en tu lista de bibliodeseos». Este simple ejercicio no solo ayuda a los niños a desarrollar su propia biblioteca personal, sino que también les enseña a planificar y a tomar decisiones basadas en sus intereses.

Las bibliotecas también juegan un papel crucial en este proceso. A menudo ofrecen una variedad de libros y recursos que los niños pueden explorar de forma gratuita. Además, muchas bibliotecas tienen áreas designadas para niños con actividades especiales, horas de cuentos y programas de lectura que pueden hacer que la visita sea aún más emocionante. Alentar a los niños a tomar prestados libros y luego devolverlos para cambiar por otros nuevos fomenta un sentido de responsabilidad y respeto por los recursos compartidos.

EL PROCESO DE SELECCIÓN: UNA HERRAMIENTA PARA REFORZAR VALORES

El proceso de selección de libros no es solo una actividad divertida; también es una oportunidad para reforzar valores importantes. Al involucrar a los niños en la elección de sus lecturas, estamos fomentando la autonomía, la responsabilidad y la toma de decisiones informadas.

- Autonomía y responsabilidad: permitir que los niños elijan sus propios libros les da un sentido de control y propiedad sobre su experiencia de lectura. Esto no solo aumenta su entusiasmo por los libros, sino que también les enseña a ser responsables de sus elecciones. Por ejemplo, si un niño elige un libro que resulta ser más desafiante de lo que pensaba, puede aprender a perseverar o a buscar ayuda para entender la historia.

  Puedes animar a los niños a pensar en lo que realmente les interesa y a tomar decisiones basadas en esos intereses. Preguntas como «¿Qué tipo de historias te gustan más? ¿Aventuras, misterios, animales?» pueden guiarlos en su proceso de selección y ayudarles a desarrollar su propia identidad como lectores.

- Planificación y anticipación: crear una lista de bibliodeseos también enseña a los niños a planificar y a anticipar. Saber que tienen una lista de libros que quieren leer les da algo que esperar y les motiva a seguir leyendo. Esta lista también puede servir como una guía útil cuando es hora de comprar o tomar prestados nuevos libros.

  Podrías establecer un ritual mensual donde los niños revisen su lista de bibliodeseos y elijan uno o dos libros para agregar a su biblioteca personal o para buscar en la biblioteca local. Este ritual no solo mantiene la lista actualizada, sino que también crea una rutina de lectura que se espera con ansias.

- Exploración y curiosidad: el proceso de explorar diferentes libros y autores fomenta la curiosidad y la apertura a nuevas ideas. Alentar a los niños a probar diferentes géneros y estilos de escritura puede ayudarles a descubrir nuevas pasiones y a ampliar sus horizontes literarios.

  Puedes desafiar a los niños a elegir un libro que esté fuera de su zona de confort, como un género que normalmente no leen o un autor que no conocen. Esta exploración puede ser una aventura emocionante y les enseña a ser lectores más versátiles y abiertos.

- **Reforzar valores familiares y culturales**: la selección de libros también puede ser una oportunidad para reforzar valores familiares y culturales. Al elegir libros que reflejen sus propias experiencias y culturas, los niños pueden desarrollar un sentido más profundo de identidad y orgullo en su herencia. Del mismo modo, leer sobre diferentes culturas y experiencias puede fomentar la empatía y la comprensión.

  Puedes buscar libros que aborden temas importantes para tu familia, como la amistad, la diversidad, la justicia o el respeto por el medioambiente. Discutir estos temas en el contexto de una historia puede hacer que los valores sean más tangibles y relevantes para los niños.

DEJANDO QUE LOS NIÑOS ELIJAN Y APRENDAN DE SUS ERRORES

Permitir que los niños elijan sus propias lecturas es una excelente manera de fomentar su amor por los libros y su independencia como lectores. Sin embargo, es igualmente importante dejarles un pequeño margen para que se equivoquen en sus elecciones. Este proceso de prueba y error es fundamental para su desarrollo, ya que les enseña a reflexionar y a tolerar la frustración cuando un libro no cumple con las expectativas que tenían.

El valor del error en el aprendizaje

Al igual que en otras áreas de la vida, equivocarse en la elección de un libro puede ser una experiencia educativa muy valiosa. Cuando un niño escoge un libro que resulta ser aburrido o difícil de entender, está aprendiendo a discernir qué tipo de historias le gustan y cuáles no. Este conocimiento es crucial para su crecimiento como lector, ya que le ayuda a desarrollar sus propios gustos y preferencias literarias.

Fomentar la reflexión

Después de que un niño termine de leer un libro que no le ha gustado, es una excelente oportunidad para tener una conversación reflexiva sobre su experiencia. Preguntas como «¿Qué fue lo que no te gustó de este libro?» o «¿Qué esperabas encontrar en esta historia que no encontraste?» pueden ayudar al niño a articular sus pensamientos y sentimientos. Esta reflexión no solo mejora su comprensión lectora, sino que también fortalece su capacidad crítica y analítica.

Tolerancia a la frustración

La vida está llena de decepciones y aprender a manejarlas es una habilidad esencial. Permitir que los niños experimenten la frustración de leer un libro que no les gusta les enseña a tolerar la decepción y a manejar sus emociones de manera constructiva. Al enfrentar estas pequeñas decepciones en un entorno seguro y controlado, como es la lectura, están mejor preparados para manejar frustraciones mayores en otros aspectos de su vida.

Un aprendizaje continuo

Es importante que, como padres y educadores, no intervengamos demasiado en el proceso de selección de libros. Si bien podemos guiar y sugerir, debemos resistir la tentación de corregir constantemente sus elecciones. Dejar que los niños tengan la libertad de equivocarse también les permite disfrutar más del proceso de descubrimiento. Cada libro, bueno o malo, se convierte en una parte de su viaje literario y en una lección aprendida.

EJEMPLOS PRÁCTICOS Y CONSEJOS ÚTILES

Veamos cómo pueden aplicarse estas ideas en la práctica con algunos ejemplos y consejos útiles:

- Crear un rincón de lectura en el hogar: supongamos que tu hijo tiene un espacio limitado en su dormitorio. Puedes crear un rincón de lectura acogedor con una pequeña estantería, un cojín cómodo y una luz suave. Este espacio puede ser su refugio personal donde puede disfrutar de sus libros favoritos. Añade una manta suave para esos días fríos y verás cómo ese rincón se convierte en su lugar preferido.
- Organizar una visita a la librería: planea una visita regular a la librería local con tu hijo. Déjalo pasear por los pasillos y explorar los libros a su propio ritmo. Puedes darle un presupuesto para comprar uno o dos libros, lo que le enseña a tomar decisiones y a gestionar su dinero. Además, fomenta la anticipación y la emoción de añadir nuevos títulos a su biblioteca personal.
- Explorar la biblioteca local: organiza visitas semanales o mensuales a la biblioteca. Haz que sea una aventura donde tu hijo pueda buscar nuevos libros, asistir a eventos de lectura y explorar diferentes secciones. Puedes crear una «tarjeta de explorador» donde marque los libros que ha tomado prestados y los eventos a los que ha asistido. Esto no solo hace que la visita sea divertida, sino que también refuerza la conexión con la lectura y la comunidad.
- Hacer una lista de bibliodeseos: puedes usar una libreta, una aplicación en el teléfono o incluso una pizarra en su habitación. Cada vez que vea un libro que le interesa, puede agregarlo a la lista. Revisa esta lista juntos regularmente y elegid libros para comprar o tomar prestados. Esto no solo fomenta la planificación y la anticipación, sino que también mantiene el interés por la lectura.

- Suscribirse a revistas infantiles: considera suscribirte a una revista infantil que llegue regularmente a tu hogar. Esto no solo ofrece una fuente continua de lectura y actividades, sino que también introduce a tu hijo a una variedad de temas y estilos. Puedes hacer de la llegada de la revista un evento especial, tal vez con una sesión de lectura en voz alta o una actividad relacionada con un artículo en la revista.
- Usar catálogos de publicaciones: usa catálogos de publicaciones infantiles para descubrir nuevos libros. Puedes hojearlos juntos y discutir cuáles parecen interesantes. Anima a tu hijo a agregar títulos a su lista de bibliodeseos y a explorar diferentes géneros. Esto no solo amplía su horizonte literario, sino que también les enseña a ser consumidores informados y selectivos.

ACTIVIDADES RECOMENDADAS

1. Creación de una biblioteca personal:

- Descripción: ayuda a cada niño a crear su propia biblioteca personal en su hogar, eligiendo libros que le gusten y organizándolos en un espacio dedicado.
- Objetivo: fomentar el amor por la lectura y proporcionar un espacio donde los niños puedan acceder fácilmente a sus libros favoritos.

2. Visita a la biblioteca pública:

- Descripción: organiza una visita a la biblioteca pública donde los niños puedan explorar diferentes libros y aprender cómo utilizar la biblioteca para encontrar nuevas lecturas.
- Objetivo: fomentar el uso de recursos comunitarios y ampliar el acceso a una variedad de libros y temas.

3. Lista de bibliodeseos:

- Descripción: anima a los niños a crear una lista de bibliodeseos con los libros que les gustaría leer en el futuro, y ayuda a sus padres a buscar estos libros en la biblioteca o librería.
- Objetivo: promover la planificación y el entusiasmo por futuras lecturas, y enseñar a los niños a expresar sus preferencias literarias.

★ ★

9.

¿UNA CARGA PARA LOS PADRES O UNA OPORTUNIDAD?

En este capítulo, vamos a abordar una cuestión que probablemente haya cruzado la mente de más de un padre mientras lee estas páginas: ¿es realmente factible implementar todas estas ideas sin que se conviertan en una carga pesada? La respuesta, querido lector, es sí y no. Sí porque cualquier actividad que valoremos y en la que queramos invertir tiempo y esfuerzo requiere dedicación. Y no porque, más que una carga, involucrarse en el club de lectura de tus hijos puede ser una maravillosa oportunidad para crecer, aprender y compartir momentos impagables con ellos. Así que pongámonos cómodos y exploremos juntos cómo transformar este reto en una oportunidad enriquecedora para toda la familia.

LA PERCEPCIÓN DEL ESFUERZO: ¿DEMASIADO TRABAJO?

Es comprensible que, al leer sobre la creación y mantenimiento de un club de lectura para niños, algunos padres sientan que se les está pidiendo demasiado. Entre el trabajo, las tareas domésticas y otras responsabilidades, encontrar tiempo para organizar y participar en un club de lectura puede parecer una tarea titánica. Pero aquí está el secreto: no tienes que hacerlo todo solo, y no tiene que ser perfecto.

El éxito de un club de lectura no se mide por la cantidad de actividades o la perfección de las reuniones, sino por el amor y el entusiasmo que infunde en los niños por la lectura. La clave está en la colaboración y en encontrar maneras de hacer que la experiencia sea manejable y divertida para todos. Recuerda, incluso pequeños pasos pueden tener un gran fruto.

Imagina un sábado por la tarde en el que has decidido dedicar una hora a la reunión del club de lectura de tu hijo. No necesitas preparar una presentación detallada ni decorar la casa con temática literaria (aunque si te entusiasma la idea, ¡adelante!). A veces, todo lo que necesitas es un rincón cómodo, algunos libros y una disposición abierta para compartir y disfrutar. La simplicidad también tiene su misterio.

LA OPORTUNIDAD DE COMPARTIR LA LECTURA CON TUS HIJOS

Uno de los aspectos más gratificantes de involucrarse en un club de lectura para niños es la oportunidad de compartir la experiencia de la lectura con tus hijos, tus nietos, sobrinos o los pequeños que estén en tu vida. En un mundo donde las pantallas dominan gran parte de nuestro tiempo libre, los libros ofrecen una ventana a un mundo de imaginación, conocimiento y conexión humana que es insustituible.

- Tiempo de calidad juntos: participar en su club de lectura te permite pasar tiempo de calidad con él en un entorno tranquilo y reflexivo. Leer juntos, discutir historias y personajes, y explorar nuevas ideas son actividades que fortalecen el vínculo familiar. Imagina leer un cuento juntos y luego discutir las lecciones de vida que se pueden aprender de los personajes. Estos momentos no solo enriquecen la relación, sino que también crean recuerdos duraderos.

- Fomentar el amor por la lectura: no me canso de repetirlo durante todo el libro. Al mostrar interés y entusiasmo por la lectura, estás modelando un comportamiento positivo para tus hijos. Los niños aprenden a valorar los libros y la lectura al ver que sus padres también lo hacen. Esto no solo mejora sus habilidades de lectura, sino que también les ayuda a desarrollar un amor por la literatura que durará toda la vida.
- Desarrollar habilidades de comunicación: discutir libros y compartir opiniones sobre las historias no solo fomenta el pensamiento crítico, sino que también mejora las habilidades de comunicación de los niños. Aprenden a expresar sus ideas, a escuchar las de los demás y a participar en discusiones respetuosas y constructivas.
- Explorar juntos nuevos mundos: los libros ofrecen una oportunidad única para explorar mundos nuevos y descubrir diferentes culturas, ideas y perspectivas. Leer con tus hijos te permite compartir este viaje de descubrimiento y aprender juntos sobre el mundo que nos rodea. Podrías leer sobre un país que nunca has visitado y luego investigar juntos más sobre su cultura y tradiciones.

LA OPORTUNIDAD DE CONECTAR CON OTROS PADRES

Otro gran beneficio de involucrarse en el club de lectura de tus hijos es la oportunidad de conectarte con otros padres que comparten intereses similares. Los clubs de lectura no solo son una plataforma para que los niños disfruten de la lectura, sino también una comunidad para los adultos, donde se pueden compartir ideas, experiencias y apoyo.

- Crear una red de apoyo: al participar en un club de lectura infantil, estás creando una red de apoyo con otros adultos que están pasando por experiencias similares. Puedes intercambiar consejos sobre crianza, discutir libros y recursos educativos, y apoyarse mutuamente en la tarea de criar a niños curiosos y amantes de los libros. Este tipo de red puede ser muy valiosa en momentos de desafío y puede proporcionar una sensación de comunidad y pertenencia.
- Construir relaciones duraderas: participar en actividades comunitarias como un club de lectura puede ayudarte a construir relaciones duraderas con otros padres y familias. Estas relaciones pueden extenderse más allá del club y convertirse en amistades significativas que enriquecen tu vida y la de tus hijos.
- Aprender de las experiencias de otros: al compartir tus experiencias y escuchar las de otros padres, puedes aprender nuevas estrategias y enfoques para apoyar la educación y el desarrollo de tus hijos. Cada familia tiene su propia perspectiva y sus propias historias, y compartir estas experiencias puede ser una fuente de inspiración y aprendizaje.

LA IDEA DE UN CLUB DE LECTURA PARALELO PARA ADULTOS

Ahora, aquí viene una idea brillante: ¿por qué no crear un club de lectura paralelo para adultos? Mientras los niños disfrutan de su propia reunión del club de lectura, los adultos pueden reunirse para discutir sus propios libros y temas. Esto no solo maximiza el uso del tiempo, sino que también ofrece una excelente oportunidad para que los mayores disfruten de la lectura y el debate en un ambiente relajado y social.

- Disfrutar de la lectura en compañía: crear un club de lectura para mayores paralelo al de los niños te permite disfrutar de la lectura en compañía de otros adultos. Puedes compartir tus opiniones sobre los libros, debatir temas interesantes y ampliar tu conocimiento y apreciación de la literatura. Además, es una excelente manera de relajarte y desconectar del ajetreo diario.
- Fomentar la discusión y el intercambio de ideas: un club de lectura para adultos ofrece una plataforma para discutir y debatir una amplia variedad de temas. Puedes explorar diferentes géneros, desde novelas y biografías hasta libros de desarrollo personal y no ficción. Estas discusiones no solo enriquecen tu experiencia de lectura, sino que también te permiten intercambiar ideas y aprender de las perspectivas de los demás.
- Servir de modelo de lectura para los niños: al tener un club de lectura para adultos paralelo al de los niños, estás modelando un comportamiento positivo para mostrar que la lectura es una actividad valiosa y gratificante para todas las edades. Ver a los mayores disfrutando de la lectura y participando en discusiones literarias puede inspirar a los niños a valorar aún más sus propias experiencias de lectura.
- Aprovechar el tiempo eficientemente: tener reuniones de club de lectura simultáneas para niños y adultos es una manera eficiente de aprovechar el tiempo. En lugar de coordinar múltiples actividades en diferentes momentos, puedes reunir a toda la familia para una tarde de lectura y discusión. Esto no solo ahorra tiempo, sino que también fortalece los lazos familiares y fomenta una cultura de lectura en el hogar.
- Fortalecer la comunidad: al reunir a mayores y niños en un entorno de club de lectura, estás fomentando una comunidad más fuerte y cohesionada. Los adultos pueden compartir sus experiencias y apoyar a otros en su viaje lite-

rario, mientras que los niños ven el valor de la colaboración y el aprendizaje conjunto.

LA IMPORTANCIA DE INVOLUCRARSE EN LA EDUCACIÓN DE LOS PEQUEÑOS

Involucrarse en el club de lectura de los pequeños no solo beneficia a su desarrollo literario y emocional, sino que también fortalece tu papel en su educación y crecimiento personal. Al mostrar interés y apoyo en sus actividades de lectura, estás enseñándoles que su educación es importante y que valoras su desarrollo como lectores y aprendices.

- Ser un modelo para seguir: al participar activamente en el club de lectura, estás modelando comportamientos positivos que los niños pueden imitar. Ver a los mayores leer, discutir libros y mostrar entusiasmo por la literatura puede inspirar a los pequeños a seguir sus pasos y a desarrollar su propio amor por la lectura.
- Fomentar el aprendizaje y la curiosidad: el club de lectura es una plataforma excelente para fomentar el aprendizaje continuo y la curiosidad. Tanto para ellos como para ti. Al leer y discutir libros juntos, le estás ayudando a desarrollar habilidades de pensamiento crítico, a expandir su conocimiento y a cultivar una pasión por el aprendizaje que los acompañará toda la vida.
- Crear una base para el éxito futuro: la lectura es una habilidad fundamental que influye en muchos aspectos del éxito académico y personal de los niños. Al involucrarte en su club de lectura, estás apoyando su desarrollo literario y ayudándoles a construir una base sólida para el éxito futuro en la escuela y más allá.

CONCLUSIÓN

Es natural que algunos padres sientan que participar en un club de lectura para niños podría ser una carga adicional en su ya ocupada agenda. Sin embargo, al cambiar nuestra perspectiva y ver esta actividad como una oportunidad, podemos descubrir los innumerables beneficios que ofrece. No solo fortaleces el vínculo con los pequeños y fomentas su amor por la lectura, sino que también creas una comunidad de apoyo con otros adultos, amplías tus propios horizontes literarios y enseñas a los pequeños el valor del aprendizaje y la colaboración.

ACTIVIDADES RECOMENDADAS

1. Jornadas de puertas abiertas:
   - Descripción: organiza jornadas donde los padres puedan asistir a las reuniones del club de lectura para ver cómo funciona y participar en las actividades.
   - Objetivo: involucrar a los padres en el proceso y mostrarles el valor educativo y social de los clubs de lectura.
2. Sesión de preguntas y respuestas para padres:
   - Descripción: realiza una sesión donde los padres puedan hacer preguntas sobre el club de lectura, expresar sus preocupaciones y sugerir ideas.
   - Objetivo: fomentar la comunicación abierta entre los organizadores del club y los padres, y mejorar la colaboración en la organización de actividades.

DIARIO DE LECTURA
Título del libro Matilde
Personaje favorito
Valoración
Mis emociones

10.

LAS ACTIVIDADES «EXTRACLUB»

La lectura no solo nos lleva a otros mundos, sino que también nos invita a explorar el nuestro con nuevos ojos. Así que ¿por qué no aprovechar ese entusiasmo y curiosidad para llevar la experiencia del club de lectura más allá de las páginas de un libro?

MÁS ALLÁ DE LAS PÁGINAS

La lectura es una puerta mágica que nos transporta a mundos desconocidos y nos permite vivir aventuras emocionantes sin salir de casa. Pero ¿qué sucede cuando cerramos el libro? La magia no tiene por qué acabarse ahí. De hecho, lo que leemos puede inspirarnos a explorar y experimentar el mundo real de maneras que nunca habíamos imaginado.

Imagina que tu hijo acaba de terminar un libro sobre las aventuras de Harry Potter. Está fascinado por la magia, los hechizos y las criaturas mágicas. ¿Por qué no llevar esa fascinación un paso más allá organizando una visita a un espectáculo de magia? O tal vez ha leído un cuento sobre animales del bosque. ¿Qué tal una excursión a un parque natural para ver esos animales en su hábitat natural?

Las actividades extraclub no solo hacen que la lectura sea más emocionante, sino que también ayudan a los niños a ver la conexión entre lo que leen y el mundo que los rodea. Estas actividades pueden despertar su curiosidad, fomentar su amor por el aprendizaje y, lo más importante, hacer que la experiencia del club de lectura sea algo que esperan con ansias cada vez.

EXPOSICIONES TEMÁTICAS

Una de las maneras más efectivas de llevar la lectura más allá de las páginas de un libro es a través de visitas a exposiciones temáticas. Los museos y las galerías ofrecen una amplia gama de exposiciones que pueden complementar y enriquecer la experiencia de lectura de los niños.

- Explorando la historia: supongamos que los niños han leído un libro ambientado en la época medieval. Una visita a una exposición sobre la Edad Media podría ser la actividad perfecta para profundizar en lo que han aprendido. En la exposición, pueden ver armaduras, armas y artefactos de la época, lo que les dará una mejor comprensión de cómo era la vida en ese tiempo. Además, pueden participar en talleres donde aprendan sobre las técnicas de construcción de castillos o la fabricación de espadas.
- Descubriendo el arte: si los niños han leído un libro sobre los monumentos de su ciudad, una visita a esos lugares puede ser una excelente manera de ver en persona lo que han leído. Por ejemplo, después de leer un libro en el que aparezcan los monumentos de Sevilla, pueden visitar la Giralda y la Torre del Oro, y discutir cómo estos impresionantes edificios se describen en el libro. Esto no solo profundiza su comprensión de la historia y la arquitectura, sino que también puede inspirar su curiosidad y amor por su ciudad.
- Comprendiendo la ciencia: los libros sobre ciencia y naturaleza son perfectos para complementar con visi-

tas a museos de ciencia o centros de descubrimiento. Si los niños han estado leyendo sobre el sistema solar, una visita a un planetario puede ser una experiencia reveladora. Pueden ver representaciones en 3D de los planetas, aprender sobre la exploración espacial y participar en actividades interactivas que hagan que la ciencia sea aún más emocionante.

- Viviendo otras culturas: si el club de lectura ha estado explorando historias de diferentes culturas, una visita a una exposición cultural puede ayudar a los niños a ver y entender mejor esas culturas. Por ejemplo, una exposición sobre la cultura japonesa podría incluir demostraciones de caligrafía, exhibiciones de arte tradicional y sesiones de narración de cuentos. Esto no solo enriquece su comprensión del libro, sino que también fomenta la empatía y el respeto por la diversidad cultural.

GINCANAS LITERARIAS

Otra actividad emocionante y dinámica que puede complementar la lectura es una gincana literaria. Esta actividad no solo es divertida, sino que también fomenta el trabajo en equipo, la resolución de problemas y el aprendizaje activo.

- Búsqueda del tesoro literario: imagina que los niños han leído un libro ambientado en su ciudad o en un lugar que pueden visitar. Organizar una gincana donde tengan que encontrar lugares mencionados en el libro puede ser una experiencia emocionante. Puedes preparar pistas basadas en la historia y llevar a los niños a explorar diferentes ubicaciones. Cada parada podría incluir una actividad relacionada con el libro, como resolver un enigma o realizar una pequeña actuación basada en una escena del libro.

- Explorando la historia local: si el libro que han leído está basado en eventos históricos, una gincana que los lleve a lugares históricos locales puede hacer que la historia cobre vida. Por ejemplo, si han leído sobre la historia de su ciudad, podrías organizar una búsqueda que incluya visitar edificios antiguos, monumentos y museos locales. Cada parada podría incluir una breve explicación de su importancia histórica y cómo se relaciona con el libro.
- Cazadores de curiosidades: si los niños han leído un libro de ciencia o naturaleza, una gincana que los lleve a explorar un parque o una reserva natural puede ser una forma excelente de conectar la lectura con la naturaleza. Puedes preparar pistas que los lleven a identificar diferentes plantas, animales o formaciones geológicas mencionadas en el libro. Esta actividad no solo fomenta el aprendizaje activo, sino que también les enseña a observar y apreciar la naturaleza que los rodea.
- Desafío de los personajes: para un libro que tenga varios personajes interesantes, puedes organizar una gincana donde los niños deban encontrar pistas sobre cada personaje en diferentes lugares. Cada pista podría incluir una breve descripción o una cita del personaje, y los niños tendrían que identificar quién es y qué papel juega en la historia. Esta actividad ayuda a los niños a recordar y comprender mejor los personajes y sus motivaciones.

CONECTANDO LA LECTURA CON LA NATURALEZA

Los libros sobre animales y la naturaleza son perfectos para complementar con visitas a reservas naturales, parques, acuarios y zoológicos. Estas visitas no solo refuerzan lo que los niños han aprendido en sus lecturas, sino que también les permiten ver y experimentar la vida salvaje y la conservación en acción.

- Explorando hábitats naturales: si los niños han leído un libro sobre la vida en el campo, una visita a una granja local puede ser una experiencia fascinante. Pueden aprender sobre las diferentes especies de animales de granja, ver cómo se cultivan las plantas y entender la importancia de la agricultura sostenible. Esta experiencia puede hacer que los niños se sientan más conectados con la naturaleza y más comprometidos con la protección del medioambiente.
- Conociendo a los animales: los zoológicos y las reservas de vida silvestre ofrecen la oportunidad de ver de cerca a los animales que han leído en los libros. Si han leído sobre elefantes, tigres o pingüinos, una visita a un zoológico puede ser la ocasión perfecta para ver a estos animales en persona. Muchos zoológicos también ofrecen programas educativos que enseñan a los niños sobre la biología y el comportamiento de los animales, así como sobre los esfuerzos de conservación.
- Aprendiendo sobre la conservación: los libros que abordan temas de conservación y ecología pueden complementarse con visitas a parques nacionales o centros de conservación. Aquí, los niños pueden aprender sobre los esfuerzos para proteger especies en peligro de extinción, restaurar hábitats y preservar la biodiversidad. Estas visitas no solo enriquecen su comprensión de la naturaleza, sino que también los inspiran a actuar y a convertirse en defensores de la conservación.
- Participando en actividades de voluntariado: algunas reservas naturales y organizaciones de conservación ofrecen oportunidades de voluntariado para familias. Participar en actividades como la plantación de árboles, la limpieza de playas o la construcción de refugios para animales puede ser una manera excelente de complementar la lectura con la acción y de enseñar a los niños sobre la importancia de cuidar nuestro planeta.

ACTIVIDADES CREATIVAS

Además de las visitas y excursiones, hay muchas actividades creativas que puedes organizar para complementar la lectura y hacer que la experiencia del club de lectura sea aún más emocionante.

- Talleres de escritura creativa: después de leer un libro emocionante, puedes organizar un taller de escritura creativa donde los niños puedan escribir sus propias historias inspiradas en el libro. Pueden crear nuevos finales, inventar personajes adicionales o escribir secuelas. Esta actividad no solo fomenta la creatividad, sino que también mejora las habilidades de escritura y narración de los niños.
- Talleres de arte y manualidades: los libros ilustrados pueden inspirar a los niños a crear sus propias obras de arte. Puedes organizar talleres de arte donde los niños pinten escenas de sus libros favoritos, creen *collages* basados en las ilustraciones o diseñen portadas para sus propias historias. Esta actividad no solo es divertida, sino que también les permite expresar su creatividad y su comprensión de las historias de manera visual.
- Dramatización y teatro: organizar una pequeña obra de teatro basada en un libro que han leído puede ser una experiencia emocionante y educativa. Los niños pueden escribir sus propios guiones, crear disfraces y escenografías, y actuar en una representación para sus amigos y familiares. Esta actividad no solo mejora sus habilidades de expresión y comunicación, sino que también les ayuda a comprender mejor la historia y los personajes.
- Club de cine y libros: si los niños han leído un libro que ha sido adaptado a una película, puedes organizar una noche de cine donde vean la película juntos y luego discutan las diferencias y similitudes con el libro. Esta actividad no solo es divertida, sino que también enseña a los niños a analizar y comparar diferentes medios de narración.

- Cocina literaria: si el libro que han leído menciona recetas o platos específicos, puedes organizar una actividad de cocina donde preparen esas recetas juntos. Por ejemplo, después de leer un libro sobre la vida en Italia, podrían cocinar una *pizza* o hacer pasta casera. Esta actividad no solo es deliciosa, sino que también les enseña sobre la cultura y las tradiciones culinarias mencionadas en el libro.

Las actividades extraclub son una manera maravillosa de complementar la lectura y de hacer que la experiencia del club de lectura sea aún más enriquecedora y emocionante. Al llevar la magia de los libros más allá de las páginas, estamos ayudando a los niños a ver la conexión entre la lectura y el mundo que los rodea. No solo estamos fomentando su amor por los libros, sino también su curiosidad, creatividad y deseo de explorar y aprender.

ACTIVIDADES RECOMENDADAS

1. Visita a un autor local:
   - Descripción: organiza una visita o una charla virtual con un autor local para que los niños puedan aprender sobre el proceso de escribir y publicar un libro.
   - Objetivo: inspirar a los niños a escribir sus propias historias y darles una perspectiva única sobre la creación de libros.

2. Gincana literaria:
   - Descripción: organiza una gincana en la que los niños tengan que encontrar pistas en diferentes lugares relacionados con los libros que han leído, como librerías, bibliotecas o monumentos mencionados en las historias.
   - Objetivo: hacer que la lectura sea una experiencia interactiva y divertida, y fomentar el trabajo en equipo y la exploración de la comunidad.

11.

¿NETFLIX O EL LIBRO?

En este capítulo, nos adentraremos en un tema que seguramente ha pasado por la mente de muchos padres y educadores: la aparente batalla entre la lectura tradicional y las plataformas digitales de entretenimiento. En una era donde los niños tienen un sinfín de opciones de entretenimiento al alcance de un clic, el querido libro parece tener más competencia que nunca. Pero no nos desesperemos, como decía San Lupo de Troyes[4] en referencia a su colaboración con el ejército de Atila el Huno, «si no puedes con tu enemigo, únete a él». Así que pongámonos cómodos y exploremos cómo podemos utilizar las plataformas digitales como aliadas para enriquecer la experiencia de lectura y despertar el amor por los libros en nuestros pequeños. Y lo mejor de todo: pondremos a los niños en el rol de moderadores, guiados por un adulto, para que ellos mismos sean quienes lideren estas comparaciones y discusiones.

4 Otras fuentes atribuyen esta frase a Sun Tzu en su libro *El arte de la guerra*.

EL DESAFÍO DE LAS OPCIONES DIGITALES

En la actualidad, los niños están rodeados de una amplia gama de opciones de entretenimiento digital. Desde series y películas en plataformas de *streaming* hasta videojuegos y redes sociales, la competencia por su atención es feroz. La tecnología tiene un atractivo innegable con sus imágenes veloces, historias emocionantes y la interactividad que ofrecen estos medios.

Sin embargo, esto no significa que los libros estén condenados a quedar relegados a un segundo plano. Al contrario, las plataformas digitales pueden convertirse en valiosas herramientas para complementar y enriquecer la experiencia de lectura. En lugar de ver la tecnología como un enemigo, podemos aprovechar su atractivo y accesibilidad para promover la lectura y despertar la curiosidad de los niños por los libros.

LA SINERGIA ENTRE LIBROS Y PLATAFORMAS DIGITALES

La clave para integrar con éxito las plataformas digitales en el club de lectura infantil es encontrar formas creativas de hacer que los libros y la tecnología trabajen juntos. Aquí hay algunas ideas para comenzar:

- Comparar libros y adaptaciones cinematográficas: una de las formas más efectivas de combinar la lectura con las plataformas digitales es comparar libros con sus adaptaciones cinematográficas o televisivas. Muchas de las historias más queridas por los niños han sido llevadas a la pantalla, y comparar el libro con la adaptación puede ser una actividad educativa y divertida.

Por ejemplo, después de leer *Matilda* de Roald Dahl, los niños pueden ver la película y discutir las diferencias y similitudes. Aquí, el moderador infantil, asesorado por un adulto, puede preguntar: «¿Cómo imaginabas a *miss* Trunchbull? ¿Se parece a la del libro?» o «¿Qué escena te gustó más en el libro que en la película, o al revés?». Esta actividad no solo fomenta el pensamiento crítico, sino que también anima a los niños a expresar sus opiniones y a discutir sus ideas con los demás. El rol del moderador es crucial para guiar estas discusiones y mantener el interés y la participación de todos los niños.

- Explorar temas y contextos a través de documentales: si el club de lectura ha leído un libro que toca temas históricos o científicos, ver un documental relacionado puede ser una excelente manera de profundizar en el tema. Por ejemplo, después de leer un libro sobre dinosaurios, los niños pueden ver un documental que explique cómo se descubrieron estos increíbles seres y cómo vivían.

  El moderador infantil puede entonces dirigir la discusión con preguntas como: «¿Qué cosas nuevas descubriste en el documental que no estaban en el libro?» o «¿Te hace ver la historia de manera diferente lo que aprendiste en el documental?». Estas preguntas, preparadas con la ayuda de un adulto, fomentan una discusión rica y significativa que ayuda a los niños a conectar lo que han leído con el mundo real.

- Crear adaptaciones cinematográficas caseras: para una actividad aún más interactiva, los niños pueden crear sus propias versiones cinematográficas de los libros que han leído. Pueden escribir guiones, diseñar escenarios, actuar y filmar sus propias adaptaciones con un teléfono móvil (de un adulto). Esta actividad no solo fomenta la creatividad y la cooperación, sino que también les enseña a apreciar el proceso de adaptar una historia a un medio diferente.

Imagina que los niños han leído *El principito*. Podrían crear una adaptación en vídeo donde cada uno interpreta a un personaje y filman diferentes escenas. Luego, pueden comparar su película con la adaptación profesional y discutir las diferencias y lo que han aprendido del proceso. El moderador puede guiar esta discusión con preguntas como: «¿Qué diferencias notaste entre tu versión y la película? ¿Qué partes te resultaron más divertidas o difíciles de adaptar?».

- Buscar recursos adicionales en plataformas digitales: muchas plataformas de *streaming* ofrecen documentales y programas educativos que pueden complementar los temas de los libros que los niños están leyendo. Por ejemplo, si han leído un libro sobre el espacio, pueden ver un documental sobre la exploración espacial en Netflix o en YouTube. Estas experiencias multimedia pueden enriquecer su comprensión y hacer que la lectura sea más emocionante y relevante.

  El moderador puede sugerir que los niños busquen y compartan recursos adicionales que encuentren en línea, lo que no solo les enseña a usar la tecnología de manera productiva, sino que también fomenta la curiosidad y la exploración continua.

EL RETO DE INTEGRAR TECNOLOGÍA Y LECTURA

Integrar la tecnología en la experiencia de lectura no está exento de desafíos. Uno de los mayores desafíos es encontrar el equilibrio adecuado para que la tecnología complemente la lectura en lugar de reemplazarla. Aquí hay algunas estrategias para lograrlo:

- Establecer límites y prioridades: es importante establecer límites claros sobre el tiempo que se dedica a las pantallas y priorizar la lectura. Puedes establecer reglas como: «Primero leemos el libro, luego vemos la película» o «Solo podemos ver el documental después de haber discutido el libro en la reunión del club de lectura». El moderador infantil, con la guía del adulto, puede ayudar a recordar y aplicar estas reglas durante las reuniones.

- Fomentar la discusión y la reflexión: al integrar la tecnología, es crucial fomentar la discusión y la reflexión sobre lo que se ha visto y cómo se relaciona con lo que se ha leído. El moderador puede organizar debates o discusiones donde los niños comparen sus experiencias y expresen sus opiniones sobre las diferencias entre el libro y la adaptación digital. Preguntas como «¿Cuál te gustó más, el libro o la película? ¿Por qué?» pueden estimular una discusión rica y significativa.
- Mantener la lectura en el centro de atención: asegúrate de que la lectura siga siendo el foco principal del club. Las actividades digitales deben servir para enriquecer la experiencia de lectura, no para sustituirla. El moderador puede recordar a los niños que la tecnología se utiliza para complementar los temas y expandir su conocimiento, pero siempre con la lectura como punto de partida y centro de la actividad.

EJEMPLOS PRÁCTICOS Y CONSEJOS ÚTILES

Para ilustrar cómo se pueden aplicar estas ideas en la práctica, consideremos algunos ejemplos y consejos útiles:

- Comparar *Las crónicas de Narnia* con la película: supongamos que el club de lectura ha leído *El león, la bruja y el armario* de C. S. Lewis. Después de leer el libro, los niños pueden ver la adaptación cinematográfica y discutir

DINOSAURS

las diferencias y similitudes. El moderador infantil puede preguntar: «¿Cómo te imaginabas Narnia en tu cabeza? ¿Se parece a la Narnia de la película?» o «¿Qué escena te pareció más emocionante en el libro que en la película?». Estas preguntas pueden ser preparadas con la ayuda del adulto y adaptadas a la discusión.

- Crear una película casera de Harry Potter: imagina que los niños han leído *Harry Potter y la piedra filosofal* de J. K. Rowling. Podrían organizarse para escribir un guion basado en una escena del libro, diseñar disfraces y escenarios, y filmar su propia versión de la escena.

Reflexionando sobre la tecnología y la lectura

La tecnología y la lectura no tienen por qué ser rivales; pueden coexistir y complementarse de maneras maravillosas. Al utilizar las plataformas digitales como herramientas para enriquecer la experiencia de lectura, podemos despertar el interés de los niños por los libros y ayudarles a desarrollar una comprensión más profunda de los temas que están explorando.

Es importante recordar que la clave está en encontrar un equilibrio y en utilizar la tecnología de manera consciente y deliberada. Al hacerlo, podemos mostrar a los niños que la lectura y la tecnología no son mutuamente excluyentes, sino que pueden trabajar juntas para abrir nuevos mundos de conocimiento y aventura.

ACTIVIDADES RECOMENDADAS

1. Crea tu propio personaje:

- Descripción: pide a los niños que creen un nuevo personaje para un libro que han leído, describiendo cómo sería y cómo encajaría en la historia.
- Objetivo: estimular la creatividad y la comprensión de los

elementos narrativos, y enseñar a los niños a desarrollar personajes complejos.

2. Reseña audiovisual:

- Descripción: anima a los niños a crear una reseña en vídeo del libro que han leído, explicando qué les gustó o no, y si recomendarían la historia a otros.
- Objetivo: fomentar la habilidad de comunicación y el uso de medios digitales para compartir opiniones literarias.

12.

PARTICULARIDADES SEGÚN LA FRANJA DE EDAD

En este capítulo, vamos a resumir y especificar cómo adaptar los clubs de lectura según las diferentes edades de los niños. Porque no todos los niños son iguales, y cada etapa de la infancia y la adolescencia tiene sus propias necesidades y oportunidades. Muchas de las ideas que hemos ido compartiendo en los capítulos anteriores son para niños de cinco o seis años en adelante, pero seguro que se pueden adaptar algunas para los más pequeños. El tiempo pasa volando, y esos pequeños que ahora juegan con sus primeros libros pronto estarán listos para vivir todas las aventuras que proponemos.

DE CERO A TRES AÑOS

Número de miembros: cuatro o cinco niños, cada uno acompañado por un adulto.

Duración aconsejada de la sesión: de quince a veinte minutos.

Moderación y espacio: para los niños de esta franja de edad, es crucial que el club de lectura se realice en un entorno seguro y familiar, como el hogar de uno de los participantes, rotando cada sesión para ofrecer variedad y comodidad. La moderación debe ser realizada por un adulto que actúe como guía y narrador, utilizando un enfoque cálido y envolvente. El espacio debe ser tranquilo y acogedor, libre de distracciones como televisores encendidos o ruido excesivo. El área debe estar equipada con alfombras suaves y cojines, creando un ambiente relajado y cómodo donde los niños puedan explorar los libros de manera segura y divertida.

Técnicas y actividades:

- Lectura sensorial: los libros para esta franja de edad deben tener elementos sensoriales como texturas variadas, colores brillantes y partes móviles. Los libros de tela y cartón grueso son ideales. La lectura debe ser en voz alta, con cambios de tono y énfasis en palabras claves para captar la atención de los pequeños. Los adultos deben mostrar las ilustraciones y permitir que los niños toquen y manipulen los libros, integrando la lectura con la exploración sensorial.
- Participación activa: es fundamental involucrar a los niños en la lectura a través de preguntas sencillas y accesibles relacionadas con las imágenes del libro, como «¿Dónde está el perro?» o «¿De qué color es el coche?». Estas preguntas deben fomentar la curiosidad y el interés de los niños, ayudándoles a conectar las palabras con las imágenes y a desarrollar su capacidad de observación y comprensión.
- Juego de imaginación: después de la lectura, organiza actividades donde los niños puedan representar a los personajes del libro usando disfraces simples o juguetes. Por ejemplo, si el libro trata de animales, los niños pueden usar máscaras de papel para representar a los personajes. Esta actividad ayuda a reforzar la comprensión de la historia y desarrolla habilidades motoras y cognitivas, al tiempo que fomenta la creatividad y la capacidad de imitación.

- Canciones y rimas: integra canciones y rimas en la sesión de lectura para hacer la experiencia más divertida e interactiva. Las canciones infantiles que estén relacionadas con la historia del libro pueden ayudar a los niños a recordar palabras y frases claves, además de hacer que la sesión sea más atractiva y dinámica.

DE CUATRO A SEIS AÑOS (primeros lectores)

Número de miembros: de cinco a siete niños.

Duración aconsejada de la sesión: de veinte a treinta minutos.

Moderación y espacio: en esta etapa, los niños tienen una mayor capacidad de atención y pueden participar más activamente en la lectura. Las reuniones pueden llevarse a cabo en el hogar, pero también es recomendable explorar otros espacios como bibliotecas infantiles o parques, que proporcionan un entorno más estimulante. El moderador, generalmente un adulto, debe fomentar la interacción y la participación de los niños, animándolos a expresar sus pensamientos y emociones sobre las historias leídas. El espacio debe estar organizado de manera que los niños se sientan cómodos y motivados para participar activamente en las actividades.

Técnicas y actividades:

- Lectura dramatizada: la lectura en voz alta debe ser más interactiva, utilizando diferentes voces y entonaciones para cada personaje. Anima a los niños a participar haciendo sonidos de animales o repitiendo frases claves de la historia. Esta técnica mantiene la atención de los niños y mejora su comprensión auditiva y memoria, al tiempo que hace que la lectura sea más divertida y envolvente.

- Debate de personajes: después de la lectura, organiza un pequeño debate donde cada niño pueda hablar sobre su personaje favorito y explicar por qué le gusta. Haz preguntas como «¿Quién es tu personaje favorito y por qué?» o «¿Qué harías si fueras este personaje?». Esto fomenta la reflexión y el pensamiento crítico, y permite a los niños explorar sus propios gustos y preferencias y desarrollar la capacidad de argumentar sus puntos de vista.
- Arte y lectura: invita a los niños a dibujar una escena o un personaje del libro que les haya gustado. Luego, cada niño puede presentar su dibujo y explicar qué parte de la historia representó. Esta actividad no solo ayuda a consolidar la comprensión de la historia, sino que también desarrolla habilidades de expresión artística y verbal. Los niños pueden compartir sus dibujos y discutir sobre las diferentes interpretaciones de la historia, lo que fomenta la creatividad y el intercambio de ideas.
- Teatro de marionetas: organiza una sesión de teatro de marionetas donde los niños puedan recrear escenas del libro usando títeres. Esto les permite explorar la historia de una manera interactiva y lúdica, y ayuda a mejorar su comprensión y retención de la historia.

DE SIETE A NUEVE AÑOS

Número de miembros: de seis a ocho niños.

Duración aconsejada de la sesión: de treinta a cuarenta y cinco minutos.

Moderación y espacio: los niños de esta edad tienen la capacidad de leer de forma autónoma, por lo que las reuniones del club de lectura pueden incluir tanto lecturas directas como diferidas. Es recomendable que las reuniones se realicen en un espacio dedicado, como una sala de lectura en una biblioteca o un centro comunitario. El moderador debe ser un adulto que guíe la discusión y anime a los niños a asumir roles de liderazgo, como presentar libros o dirigir debates. El espacio debe estar diseñado para facilitar la interacción y la discusión, con áreas donde los niños puedan reunirse cómodamente y compartir sus ideas.

Técnicas y actividades:

- Crear debate: fomenta la discusión activa sobre los libros leídos. Cada reunión puede comenzar con una ronda de preguntas abiertas, como «¿Qué te gustó más del libro?» o «¿Qué cambiarías de la historia?». Anima a los niños a expresar sus opiniones y a respetar las de los demás, lo que desarrolla habilidades para argumentar y pensamiento crítico. Es importante crear un ambiente donde los niños se sientan seguros para compartir sus pensamientos y donde se valore la diversidad de opiniones.
- Lectura en voz alta en grupo: divide a los niños en pequeños grupos y asigna a cada uno un fragmento del libro para leer en voz alta. Luego, los grupos pueden intercambiar sus interpretaciones y discutir sobre las diferentes partes de la historia. Esta actividad no solo promueve la comprensión lectora y la colaboración entre los niños, sino que también les ayuda a mejorar sus habilidades de lectura en voz alta y a sentirse más seguros.
- Escritura creativa: después de la lectura, propón a los niños que escriban una continuación de la historia o un final alternativo. Pueden compartir sus escritos en la siguiente reunión, lo que fomenta la creatividad y la habilidad de escribir y narrar historias. Esta actividad ayuda a los niños a desarrollar sus habilidades de escritura y a explorar su propia creatividad, lo que les permite experimentar con diferentes estilos y géneros literarios.

- Diarios de lectura: anima a los niños a llevar un diario de lectura donde puedan escribir sus impresiones y reflexiones sobre los libros que leen. Esto les permite desarrollar su capacidad de análisis y reflexión, y les proporciona una manera de seguir su propio progreso y crecimiento como lectores.

DE DIEZ A DOCE AÑOS

Número de miembros: de ocho a diez niños.

Duración aconsejada de la sesión: de cuarenta y cinco a sesenta minutos.

Moderación y espacio: en esta etapa, los niños están desarrollando una mayor capacidad para analizar y discutir textos. Las reuniones pueden llevarse a cabo en lugares más formales, como salas de reuniones en bibliotecas o centros culturales. Los niños pueden rotar en el rol de moderador con la supervisión de un adulto, lo que fomenta la responsabilidad y el liderazgo. El espacio debe estar configurado para facilitar la discusión y el análisis, con áreas para la lectura y la escritura, así como para la discusión en grupo, sin que el ruido moleste y se vean cohibidos.

Técnicas y actividades:

- Análisis literario: introduce conceptos muy básicos de análisis literario como la trama, el conflicto y el desarrollo de personajes. Anima a los niños a identificar y discutir estos elementos en los libros que leen. Preguntas como «¿Cuál es el conflicto principal de la historia?» o «¿Cómo va cambiando el personaje a lo largo del libro?» ayudan a desarrollar habilidades analíticas y a profundizar en la comprensión de los textos.

- FORO DE DISCUSIÓN *ONLINE*: crea un foro de discusión *online* donde los niños puedan compartir sus opiniones y debatir sobre los libros fuera de las reuniones. Esta plataforma permite una discusión continua y proporciona un espacio para que los niños que son más tímidos en persona se expresen con más libertad. Además, fomenta la interacción entre los niños y les da la oportunidad de reflexionar más profundamente sobre los temas discutidos en las reuniones.
- PROYECTOS DE INVESTIGACIÓN: asigna proyectos donde los niños investiguen sobre el contexto histórico o cultural del libro que están leyendo. Pueden presentar sus hallazgos en la siguiente reunión, lo que fomenta la investigación, el pensamiento crítico y la capacidad de presentar información de manera efectiva.

13.

LA INCLUSIÓN DE NIÑOS CON NECESIDADES ESPECIALES EN EL CLUB DE LECTURA

En los clubs de lectura, la inclusión de niños con necesidades especiales no solo es un objetivo noble, sino una oportunidad para enseñar valores fundamentales como la empatía, el respeto y la solidaridad. La integración de niños con discapacidades auditivas, visuales, motrices o intelectuales puede transformar la dinámica del grupo en una experiencia enriquecedora para todos los participantes. En este capítulo hablaremos sobre cómo organizar y moderar un club de lectura inclusivo, proporcionando ejemplos y consejos prácticos para garantizar que todos los niños puedan participar plenamente y beneficiarse de la actividad.

La inclusión es un principio que va más allá de la mera participación. Se trata de crear un entorno en el que cada niño se sienta valorado, respetado y capaz de contribuir de manera significativa. En un club de lectura, esto significa adaptar las actividades y el entorno para satisfacer las necesidades de todos los niños, sin importar sus habilidades o limitaciones. La inclusión no solo beneficia a los niños con necesidades especiales, sino que también enseña a sus compañeros a ser más comprensivos y solidarios.

NIÑOS CON DISCAPACIDAD AUDITIVA

Ejemplos y consejos:

- Uso de recursos visuales y textuales: los niños con discapacidad auditiva pueden beneficiarse enormemente de los recursos visuales. Utiliza libros con ilustraciones detalladas y textos claros. También puedes emplear material de apoyo como vídeos con subtítulos y lenguaje de señas. Durante las sesiones de lectura, utiliza pizarras o tabletas para escribir las preguntas y comentarios, y asegúrate de que todos los niños puedan seguir la conversación.

  Ejemplo: durante la lectura de un libro sobre animales, utiliza tarjetas con imágenes y palabras para describir cada animal. Esto permite que los niños con discapacidad auditiva sigan la historia y participen en la discusión de manera más activa.
- Incorporación del lenguaje de señas: si hay niños que conocen el lenguaje de señas, anímalos a enseñar algunas palabras básicas a sus compañeros. Esto no solo facilita la comunicación, sino que también promueve el aprendizaje de una nueva habilidad entre los niños oyentes.

  Ejemplo: al leer un cuento, los niños pueden aprender a hacer el signo de palabras claves como «perro» o «casa». Esto no solo ayuda al niño con discapacidad auditiva a sentirse incluido, sino que también enriquece la experiencia de los demás niños.
- Interpretación y apoyo: considera la posibilidad de contar con un intérprete de lenguaje de señas o un voluntario que pueda asistir a las sesiones y ayudar en la comunicación. Además, fomenta la creación de un sistema de apoyo donde los compañeros de grupo se turnen para ayu-

dar a su amigo con discapacidad auditiva, por ejemplo, escribiendo notas o resumiendo las discusiones.

Consejo: fomenta la rotación de roles de apoyo para que todos los niños tengan la oportunidad de aprender a ser más comprensivos y colaborativos. Esto refuerza la idea de que todos pueden contribuir al bienestar del grupo.

NIÑOS CON DISCAPACIDAD VISUAL

Ejemplos y consejos:

- Uso de libros en braille y audiolibros: proporciona libros en braille y audiolibros para que los niños con discapacidad visual puedan acceder al contenido. Durante las sesiones de lectura, asegúrate de que haya una variedad de formatos disponibles para que todos los niños puedan disfrutar de la historia.

  Ejemplo: si el libro que están leyendo no está disponible en braille, usa un audiolibro para que el niño con discapacidad visual pueda seguir la historia al mismo ritmo que sus compañeros.
- Descripción detallada y audiodescripción: al leer en voz alta, describe detalladamente las ilustraciones y las escenas del libro para que los niños con discapacidad visual puedan imaginar lo que se está narrando. Usa descripciones ricas en detalles para pintar una imagen vívida con palabras.

  Ejemplo: durante la lectura de un libro sobre una jungla, describe cómo son los árboles, los animales y los sonidos del entorno, y permite que el niño con discapacidad visual construya una imagen mental de la escena.
- Actividades sensibles al tacto: incluye actividades que permitan a los niños con discapacidad visual explorar

el contenido a través del tacto. Esto puede incluir el uso de materiales táctiles relacionados con la historia o la creación de mapas en relieve de los lugares mencionados en el libro.

Consejo: organiza una actividad en la que los niños creen su propio libro táctil con diferentes texturas que representen partes de la historia. Esto no solo beneficia al niño con discapacidad visual, sino que también enseña a los demás niños a apreciar el sentido del tacto como una herramienta de exploración.

NIÑOS CON DISCAPACIDAD MOTRIZ

Ejemplos y consejos:

- Espacio accesible: asegúrate de que el lugar de reunión del club de lectura sea accesible para niños con movilidad reducida. Esto incluye la entrada al edificio, el espacio de reunión y los servicios, como baños accesibles. El área de lectura debe tener espacio suficiente para que los niños con sillas de ruedas puedan moverse libremente y participar cómodamente.

  Ejemplo: durante la planificación de las sesiones, elige lugares que tengan rampas y ascensores, y asegúrate de que el espacio esté libre de obstáculos que puedan dificultar el acceso de los niños con discapacidad motriz.
- Adaptaciones de materiales: proporciona adaptaciones como atriles ajustables para que los niños con movilidad limitada en las manos puedan sostener los libros más fácilmente. También puedes usar libros digitales que se puedan leer en tabletas, lo que facilita la manipulación del texto y permite ajustes en el tamaño de la letra.

  Ejemplo: utiliza tabletas con soportes ajustables para que los niños puedan leer con mayor comodidad y sin necesidad de sostener un libro pesado. Esto es especialmente útil para niños con debilidad en las extremidades superiores.

- Participación en actividades manuales: incluye actividades que no requieran mucha destreza manual, como discutir la historia en lugar de dibujar. Para actividades que sí requieran habilidades motoras, como hacer manualidades, proporciona herramientas adaptativas y ayuda adicional.

  Consejo: durante una actividad de manualidades, usa tijeras con agarres adaptados y pegamento en *roll-on* para facilitar la participación de los niños con dificultades motoras. Anima a sus compañeros a ofrecer ayuda cuando sea necesario, y fomenta así un ambiente de colaboración y apoyo.

NIÑOS CON DISCAPACIDAD INTELECTUAL

Ejemplos y consejos:

- Selección de libros y materiales: elige libros con textos simples, ilustraciones claras y tramas lineales que sean fáciles de seguir. Los libros deben estar adaptados al nivel de comprensión del niño, y proporcionar una experiencia de lectura que sea desafiante pero accesible.

  Ejemplo: opta por libros con personajes y situaciones familiares que el niño pueda relacionar con su vida diaria. Por ejemplo, una historia sobre la rutina diaria en una granja puede ser más fácil de entender y más relevante que una trama compleja de fantasía.
- Repetición y refuerzo positivo: utiliza la repetición para reforzar la comprensión y la retención de la historia. Lee el mismo libro varias veces y usa refuerzos positivos

para celebrar los logros del niño en la comprensión y la participación.

Ejemplo: después de leer un libro, realiza una actividad en la que los niños repasen lo que han aprendido a través de juegos de memoria o actividades de emparejamiento de imágenes. Esto ayuda a consolidar la información y mejora la retención.

- Actividades prácticas y sensoriales: incluye actividades que permitan a los niños explorar conceptos a través de la manipulación de objetos y la participación en experiencias sensoriales. Esto puede ayudar a los niños con discapacidad intelectual a entender y recordar mejor la historia.

  Consejo: organiza actividades que involucren la manipulación de objetos relacionados con la historia, como usar bloques para construir una escena del libro o crear personajes con plastilina. Esto no solo facilita la comprensión, sino que también hace que la lectura sea una experiencia más interactiva y divertida.

FOMENTANDO LA EMPATÍA Y EL APOYO ENTRE LOS COMPAÑEROS

Un aspecto clave de la inclusión en un club de lectura es enseñar a los niños a ser empáticos y a apoyar a sus compañeros con necesidades especiales. Aquí hay algunas estrategias para fomentar estos valores:

- Educación y concienciación: antes de integrar a niños con necesidades especiales, realiza sesiones informativas para que los otros niños comprendan las discapacidades y la importancia de la inclusión. Explica las diferentes necesidades que pueden tener sus compañeros y cómo pueden ayudar a hacer que el club de lectura sea accesible y acogedor para todos.

Ejemplo: puedes utilizar vídeos o libros que aborden el tema de la inclusión y las discapacidades, y organizar una discusión sobre cómo pueden aplicar lo aprendido para ayudar a sus compañeros en el club de lectura.

- Roles de apoyo: establece roles de apoyo que roten entre los niños para que todos tengan la oportunidad de ayudar a sus compañeros con necesidades especiales. Esto puede incluir leer en voz alta, ayudar a pasar las páginas o escribir notas.

  Consejo: crea un sistema donde cada niño tenga un «compañero de lectura» al que pueda asistir durante la sesión. Esto fomenta la colaboración y el entendimiento mutuo, y ayuda a los niños a desarrollar habilidades de liderazgo y empatía.
- Actividades de integración: organiza actividades que requieran la cooperación y la participación activa de todos los niños, y promuevan un ambiente inclusivo y solidario. Estas actividades deben estar diseñadas para que todos los niños puedan participar de manera equitativa, independientemente de sus habilidades.

  Ejemplo: realiza actividades en las que los niños trabajen en parejas o en grupos pequeños para crear una historia juntos, cada uno contribuyendo con sus ideas y habilidades. Esto no solo facilita la integración, sino que también enseña a los niños a valorar las contribuciones de todos sus compañeros.

En conclusión, la inclusión de niños con necesidades especiales en un club de lectura no solo es beneficiosa para ellos, sino que también enriquece la experiencia de todos los participantes. A través de la adaptación de actividades y la promoción de valores como la empatía y el apoyo mutuo, podemos crear un entorno donde todos los niños se sientan valorados y capaces de contribuir. Esto no solo fomenta el amor por la lectura, sino que también enseña importantes lecciones de vida que los niños llevarán consigo más allá de las páginas de los libros.

14.

EL CLUB EN FAMILIA

¿Por qué no hacer del club de lectura una actividad familiar? Puede ser un buen plan para un veraneo en familia, donde todos pueden disfrutar juntos de una maravillosa aventura literaria. A veces, las familias desean involucrar a todos sus miembros en estas actividades, incluyendo a los hijos y, en ocasiones, a los primos. La integración de niños de varias edades también tiene sus aspectos positivos, ya que cada uno aporta su perspectiva única y enriquece la conversación. En estos casos, podemos crear un club de lectura mixto que abarque a niños de todas las franjas de edades y a adultos. Aunque a veces no es posible desplazarse a las reuniones, siempre se pueden organizar sesiones virtuales o aprovechar los momentos en casa para compartir las lecturas. Esta dinámica abierta no solo enriquece la experiencia de la lectura, sino que también fortalece los lazos familiares, lo que crea recuerdos valiosos y fomenta el amor por los libros.

BENEFICIOS

Un club de lectura familiar ofrece múltiples beneficios que lo hacen una actividad invaluable. En primer lugar, compartir historias y debatir sobre libros fortalece los vínculos familiares, lo que proporciona una excelente manera de pasar tiempo juntos y crear recuerdos duraderos. Además, al involucrar a toda la familia en la lectura, se fomenta un amor por los libros que puede durar toda la vida, ya que los niños ven a los adultos como modelos que seguir y es más probable que desarrollen hábitos de lectura. El debate y la discusión sobre los libros ayudan a desarrollar habilidades de comunicación en los niños, quienes aprenden a expresar sus opiniones, escuchar a los demás y respetar diferentes puntos de vista. Asimismo, leer libros de diferentes épocas y culturas enriquece el conocimiento cultural de todos los miembros de la familia, lo que lleva a una mayor apreciación de la diversidad y la historia. Las historias también despiertan la imaginación y la creatividad de niños y adultos, y las actividades relacionadas, como el teatro y las manualidades, fomentan aún más estas habilidades. Para un club de lectura familiar exitoso, es importante mantener una frecuencia regular para las reuniones, ya sea semanal, quincenal o mensual, lo que ayuda a mantener el interés y el compromiso de todos. Involucrar a todos en la selección de los libros asegura que cada miembro se sienta emocionado por las lecturas. Crear un ambiente confortable, ya sea en el salón, el jardín o una tienda de campaña improvisada, hace que las reuniones sean más agradables. Aunque es bueno tener una estructura, ser flexible permite que surjan las mejores discusiones y actividades de manera espontánea. Fomentar la participación activa de todos, incluso de los más tímidos, garantiza que cada idea valiosa sea compartida. Y, lo más importante, es disfrutar del proceso, haciendo del club de lectura una actividad divertida y relajante para todos.

UNA DINÁMICA ABIERTA Y CREATIVA

En un club de lectura familiar, la dinámica debe ser flexible y abierta. A diferencia de los clubs tradicionales que agrupan a los niños por edades, aquí podemos ser más creativos tanto en los espacios como en los momentos de celebración del club. ¿Por qué no organizar una sesión de lectura en el jardín, bajo la sombra de un árbol? ¿O en la mesa de la cocina alrededor de una deliciosa merienda? Las posibilidades son infinitas y podemos adaptarlas según las preferencias y las comodidades de la familia. La clave está en crear un ambiente acogedor y relajado donde todos se sientan cómodos para compartir y disfrutar de las historias.

SELECCIÓN DE LECTURAS: ¿QUÉ TAL LOS CLÁSICOS INFANTILES?

Para seleccionar las lecturas del club de lectura familiar, una excelente idea es acudir a los clásicos infantiles y juveniles. Estos libros han trascendido generaciones y siguen capturando la imaginación de jóvenes y adultos. Algunos autores imprescindibles incluyen a los Hermanos Grimm, Charles Perrault y Charles Dickens, cuyos cuentos de hadas y relatos cortos han sido pilares de la literatura infantil.

Las aventuras juveniles de autores como Julio Verne, Mark Twain y Rudyard Kipling también son opciones maravillosas. Obras como La isla del tesoro, *Las aventuras de Tom Sawyer* y *El libro de la selva* no solo entretienen, sino que también ofrecen lecciones de vida y aventuras inolvidables.

Para los adultos, releer estos clásicos puede ser una experiencia reveladora. Años atrás, estos cuentos y aventuras eran simplemente historias fascinantes; ahora, como adultos, pueden apreciar matices y temas que antes pasaron desapercibidos. La profundidad de los personajes, las tramas y los valores subyacentes se vuelven más claros y significativos.

Para los niños, compartir las lecturas que sus padres hicieron a su edad es una experiencia mágica. No solo están descubriendo nuevas historias, sino que también están explorando un vínculo con el pasado de sus padres. Esto puede abrir puertas a conversaciones sobre cómo eran las cosas cuando sus padres eran niños, qué libros les gustaban y qué recuerdos tienen de esas lecturas.

EL MOMENTO DEL DEBATE

El debate es una parte esencial de todos los clubs de lecturas, y aquí no es menos. En el debate es donde las ideas y las interpretaciones de las historias se ponen en común. Los niños pueden compartir lo que más les gustó de la historia, mientras que los adultos pueden ofrecer perspectivas más profundas y comparaciones con sus propias experiencias.

Seguro que surgirán grandes anécdotas. Los abuelos pueden recordar cómo les leían esos mismos cuentos a sus hijos, o cómo esas historias los influenciaron en su juventud. Estos momentos no solo enriquecen la experiencia de la lectura, sino que también crean un vínculo muy hermoso entre todos los miembros de la familia.

ACTIVIDADES RELACIONADAS

Además de la lectura y el debate, podemos incorporar actividades relacionadas que hagan la experiencia aún más divertida y educativa. Aquí tienes algunas ideas:

- Teatro en casa: después de leer un cuento, los niños y adultos pueden representar una pequeña obra de teatro basada en la historia. Esto no solo es divertido, sino que también ayuda a los niños a comprender mejor la trama y los personajes.
- Cocina literaria: si el libro leído menciona algún tipo de comida o banquete, ¿por qué no tratar de recrearlo?

Cocinar juntos una receta del libro puede ser una actividad deliciosa y divertida.

- Manualidades: crear artesanías basadas en el libro puede ser una excelente forma de involucrar a los niños. Desde hacer sus propios mapas del tesoro hasta construir maquetas de escenarios de la historia.
- Excursiones relacionadas: si la historia leída tiene un lugar real que se puede visitar, una excursión familiar puede ser una excelente manera de hacer que el libro cobre vida.

★ ★

15.

EL PAPEL DE LOS ABUELOS

Hoy en día, el papel de los abuelos en el tiempo de ocio de sus nietos es muy importante. En muchas ocasiones, son ellos quienes cuidan de los niños mientras los padres trabajan, y esta convivencia crea un vínculo especial entre ambas generaciones. Aprovechando esta cercanía, puede ser una gran idea organizar un club de lectura que involucre a abuelos y nietos, proporcionando un espacio donde compartir historias, aprender y divertirse juntos.

UNA DINÁMICA DIFERENTE

En este club de lectura, la dinámica sería distinta a la habitual. Cada sesión tendría un abuelo encargado de contar una historia de su juventud o niñez. Esta narración se convertiría en la base de una actividad creativa para los niños, quienes, posteriormente, escribirían un cuento inspirado en lo que han escuchado. Luego, cada niño leería su cuento al grupo, y se abriría un espacio para el debate y la reflexión. Es importante que tanto la narración como el cuento escrito por los pequeños no sean muy extensos. De este modo facilitaremos la participación de todos.

Esta dinámica no solo promueve la creatividad y las habilidades de escritura de los niños, sino que también les brinda la oportunidad de conocer más sobre la vida de sus abuelos, creando un puente entre generaciones. Los relatos personales de los abuelos pueden abarcar una amplia gama de experiencias y emociones, desde aventuras y travesuras hasta lecciones de vida y momentos históricos.

ADAPTACIONES PARA LOS MÁS PEQUEÑOS

Aunque esta actividad está pensada para niños un poco mayores, se puede adaptar fácilmente para los más pequeños. En lugar de escribir un cuento, los niños más jóvenes pueden simplemente escuchar las historias y luego responder a preguntas básicas. Esta versión simplificada sigue fomentando la interacción y la curiosidad, y puede ser igualmente enriquecedora.

Para involucrar a los libros en estas edades, sería útil que el abuelo llevara un libro relacionado con la historia que va a contar. Por ejemplo, si vivió en una pequeña ciudad con una iglesia y un campanario donde anidaba una cigüeña, podría buscar un libro infantil que incluya a este animal. De esta manera, los niños pueden conectar la narración con el libro, visualizando y comprendiendo mejor la historia.

ESTRUCTURA DE LA SESIÓN

La estructura de la sesión podría seguir el esquema ya explicado en los capítulos anteriores del libro. Comenzaríamos con la bienvenida y una breve introducción del abuelo que va a contar su historia. A continuación, el abuelo relataría su anécdota, y luego los niños trabajarían en sus cuentos. Después de la escritura, cada niño leería su cuento en voz alta, y se abriría el debate, donde se podrían hacer preguntas, compartir impresiones y discutir los distintos puntos de vista.

Actividades complementarias

Para hacer la experiencia aún más completa y divertida, los abuelos pueden también compartir canciones de su niñez. Tras cantar juntos, se podría buscar un libro infantil que incluyera algún elemento mencionado en la canción. Esto no solo añade variedad a las sesiones, sino que también enriquece la experiencia literaria y cultural de los niños.

EJEMPLO DE SESIÓN

Vamos a imaginar una sesión en detalle para entender mejor cómo se desarrollaría.

- **Introducción**: la sesión comienza con una bienvenida y una breve presentación del abuelo que va a contar su historia. Se crea un ambiente acogedor donde todos se sienten cómodos y preparados para escuchar.
- **Narración del abuelo**: el abuelo cuenta una historia de su juventud, quizás sobre un verano especial en el pueblo donde solía pasar las vacaciones, incluyendo detalles vívidos y emotivos que capturen la imaginación de los niños.
- **Actividad de escritura**: los niños, inspirados por la historia, escriben sus propios cuentos (puede ser una buena idea que se escriba en el diario de lectura) y se los anima a usar su creatividad y sus propias experiencias.
- **Lectura y debate**: cada niño lee su cuento en voz alta. Después de cada lectura, se abre un espacio para preguntas y discusión. Los abuelos y los otros niños pueden compartir sus impresiones y discutir los diferentes elementos de las historias.

- **Canción y libro relacionado**: para finalizar la sesión, el abuelo puede enseñar una canción de su niñez. Después de cantarla juntos, se muestra un libro infantil que incluye algún elemento de la canción, lo que proporciona una conexión literaria adicional.

Este tipo de club de lectura no solo enriquece la experiencia literaria de los niños, sino que también fortalece los lazos familiares. Los abuelos se sienten valorados al compartir sus historias y conocimientos, mientras que los niños aprenden a apreciar y respetar las experiencias de vida de sus mayores.

Además, esta dinámica fomenta el desarrollo de habilidades importantes en los niños, como la escucha activa, la escritura creativa y el pensamiento crítico. También les enseña a expresarse y a valorar las narrativas personales, lo que puede contribuir a su crecimiento emocional y social.

16.

LAS REGLAS DEL JUEGO

Establecer algunas reglas no solo garantiza que todos los miembros del club tengan una experiencia positiva, sino que también enseña a los niños valores importantes como la responsabilidad, el respeto y la cortesía. Así que, sin más preámbulos, pongámonos manos a la obra y descubramos las diez reglas de oro que todo club de lectura debe tener.

REGLA 1: HAY QUE LEERSE EL LIBRO

Parece una obviedad, pero la primera y más importante regla de cualquier club de lectura es que todos deben leer el libro asignado. Después de todo, ¿qué sentido tiene discutir un libro si no lo has leído? Leer el libro no solo permite participar en la discusión, sino que también demuestra compromiso y respeto hacia el grupo y hacia el esfuerzo de los demás.

Imagina que el club ha elegido *Charlie y la fábrica de chocolate* de Roald Dahl. Si un niño no ha leído el libro, se perderá de las maravillosas descripciones de la fábrica de chocolate y de los excéntricos personajes que la habitan. Y lo que es peor, ¡no entenderá por qué todos están tan emocionados hablando de las ardillas que seleccionan nueces! Así que, para que nadie se pierda de la diversión, es crucial que todos lean el libro antes de la reunión.

Para ayudar a que esto suceda, el moderador (recordemos que es un niño guiado por un adulto) puede enviar recordatorios amigables y motivadores antes de cada reunión, y animar a todos a terminar el libro y a prepararse para la discusión. Puede ser algo tan simple como: «¡No te pierdas la aventura! Recuerda leer *Charlie y la fábrica de chocolate* antes de nuestra próxima reunión. ¡Vamos a descubrir quién se queda con el *ticket* dorado!».

REGLA 2: HAY QUE ASISTIR A LAS REUNIONES

La segunda regla esencial es que todos los miembros deben hacer un esfuerzo por asistir a las reuniones del club. La participación constante es clave para mantener la dinámica del grupo y asegurar que todos puedan compartir sus pensamientos y experiencias sobre el libro.

Por supuesto, todos tenemos vidas ocupadas y a veces pueden surgir imprevistos. Pero, en la medida de lo posible, es importante comprometerse a asistir a las reuniones. La asistencia regular no solo demuestra responsabilidad y compromiso, sino que también permite a todos formar parte de la evolución del grupo y disfrutar de las discusiones y actividades en su totalidad.

Para hacer que esta regla sea más atractiva, el moderador puede enviar mensajes entusiastas antes de cada reunión, como: «¡No olvides nuestra reunión del club este sábado! Vamos a discutir el final emocionante de *Charlie y la fábrica de chocolate*. ¡No querrás perdértelo!».

REGLA 3: HAY QUE RESPETAR EL TURNO DE PALABRA

Una de las reglas más importantes para mantener la armonía y el respeto en el club de lectura es respetar el turno de palabra. Esto significa que cada persona debe esperar su turno para hablar y no interrumpir a los demás cuando están expresando sus opiniones.

En un club de lectura infantil, puede ser tentador hablar sin esperar turno, especialmente cuando los niños están emocionados por compartir sus ideas. Aquí es donde el moderador desempeña un papel crucial para asegurar que todos tengan la oportunidad de hablar y que la discusión se mantenga ordenada y respetuosa.

Un truco divertido para recordar a los niños esta regla es usar un «objeto de palabra». Puede ser cualquier cosa, desde una pequeña bola hasta un peluche. La regla es simple: solo la persona que sostiene el objeto puede hablar. El moderador puede explicar esto de manera alegre: «¡Hoy tenemos a Mr. Oso como nuestro guardián de la palabra! Solo quien tenga a Mr. Oso puede hablar, así que asegúrate de pasarle el turno».

REGLA 4: SE DEBATE, NO SE DISCUTE

El objetivo de un club de lectura es compartir ideas y aprender unos de otros, no entrar en discusiones acaloradas. Es natural que las personas tengan diferentes opiniones sobre un libro, pero la clave es debatir de manera respetuosa y constructiva.

El moderador puede guiar la discusión asegurándose de que todos expresen sus puntos de vista de manera respetuosa y escuchando a los demás. Si surge un desacuerdo, puede recordar a todos la importancia de discutir con cortesía y de valorar las opiniones de los demás, incluso si no estamos de acuerdo.

Para ilustrar la diferencia entre debatir y discutir, el moderador puede decir: «Recuerda, en nuestro club, todos tienen una voz. Podemos no estar de acuerdo en todo, pero lo importante es escuchar y aprender de las perspectivas de los demás. ¡El respeto es nuestra guía!».

REGLA 5: EL MODERADOR ES EL QUE MANDA, PERO CON JUSTICIA

En cada reunión, el moderador infantil tiene la responsabilidad de guiar la discusión y asegurarse de que se respeten las reglas del club. Esto no significa que tenga poder absoluto, sino que debe actuar con justicia y equidad, asegurándose de que todos tengan la oportunidad de participar y que la discusión sea constructiva.

El moderador debe ser un líder justo, que escuche a todos y tome decisiones que beneficien al grupo. Si algún niño se siente excluido o si surge un conflicto, el moderador debe intervenir para resolver la situación de manera justa y respetuosa.

Para enfatizar la importancia de la justicia, el adulto puede guiar al moderador con consejos como: «Recuerda que ser moderador no significa ser el jefe, sino el guía del grupo. Asegúrate de que todos tengan la oportunidad de hablar y que las decisiones que tomes sean justas para todos».

REGLA 6: HAY QUE MANTENER EL ESPACIO RECOGIDO Y DEJARLO COMO SE ENCONTRÓ

Otra regla fundamental es mantener el espacio donde se celebra la reunión limpio y ordenado. Al final de cada reunión, todos los miembros del club deben ayudar a recoger el espacio y a dejarlo tal y como lo encontraron.

Esto no solo demuestra respeto por el lugar y por los anfitriones, sino que también enseña a los niños la importancia de la responsabilidad y del cuidado por el entorno. El moderador puede recordar a todos esta regla de manera alegre, como: «¡Vamos a hacer un equipo de limpieza relámpago! Si todos ayudamos, podemos dejar el lugar impecable en un abrir y cerrar de ojos».

Para hacer que esta tarea sea más divertida, se puede organizar una pequeña competencia para ver quién puede recoger más rápido o quién puede encontrar el objeto más perdido. Esto no solo hace que la limpieza sea más divertida, sino que también fomenta el trabajo en equipo y la colaboración.

REGLA 7: HAY QUE DAR LAS GRACIAS AL ANFITRIÓN

Es fundamental mostrar gratitud hacia los anfitriones que abren sus puertas y ofrecen su tiempo y espacio para las reuniones del club de lectura. Al final de cada reunión, todos los miembros deben dar las gracias al anfitrión por su hospitalidad.

Esta regla no solo demuestra cortesía y respeto, sino que también enseña a los niños la importancia de la gratitud y de valorar el esfuerzo de los demás. El moderador puede liderar este gesto de agradecimiento, diciendo algo como: «Queremos dar las gracias a nuestro anfitrión por acogernos hoy y por hacer posible esta reunión tan maravillosa. ¡Gracias de corazón!».

Para hacer que este gesto sea aún más significativo, el club podría crear una tarjeta de agradecimiento que todos los miembros firmen y dejen como muestra de gratitud. Esto no solo es un bonito gesto, sino que también fortalece el sentido de comunidad y aprecio dentro del grupo.

REGLA 8: PARTICIPAR ACTIVAMENTE Y CONTRIBUIR A LA DISCUSIÓN

Es importante que todos los miembros del club participen activamente en las reuniones y contribuyan a la discusión. Esto significa compartir ideas, hacer preguntas y escuchar a los demás. La participación activa no solo enriquece la discusión, sino que también asegura que todos se sientan valorados y escuchados.

El moderador puede fomentar la participación activa animando a todos a compartir sus pensamientos y haciendo preguntas abiertas que inviten a la reflexión y al debate. Puede decir algo como: «¿Qué parte del libro te gustó más y por qué? Me encantaría escuchar tus pensamientos».

Para aquellos niños que puedan sentirse un poco tímidos, el moderador puede hacer un esfuerzo adicional para involucrarlos, preguntándoles directamente o pidiéndoles que comenten sobre un tema específico. Esto ayuda a que todos se sientan incluidos y parte de la discusión.

REGLA 9: RESPETAR LAS OPINIONES DE LOS DEMÁS

Es crucial que todos los miembros del club respeten las opiniones de los demás, incluso si no están de acuerdo con ellas. Cada persona tiene derecho a expresar su punto de vista y a ser escuchada con respeto.

El moderador puede recordar a todos la importancia de la empatía y del respeto, diciendo algo como: «Recuerda que cada uno de nosotros puede ver la historia de manera diferente. Lo importante es escuchar y aprender de las perspectivas de los demás, incluso si no estamos de acuerdo».

Para reforzar esta regla, el moderador puede guiar una actividad en la que cada miembro del club tenga que compartir algo positivo sobre la opinión de otra persona, destacando lo que aprendieron de esa perspectiva. Esto no solo fomenta el respeto, sino que también ayuda a los niños a apreciar la diversidad de pensamiento dentro del grupo.

REGLA 10: DISFRUTAR Y DIVERTIRSE

Finalmente, la regla más importante de todas: ¡disfrutar y divertirse! El objetivo principal del club de lectura es compartir el amor por los libros y disfrutar del proceso de lectura y discusión. Es crucial que todos los miembros del club se sientan libres para disfrutar y divertirse en cada reunión.

El moderador puede recordar a todos que el club de lectura es un espacio para la creatividad, la exploración y la diversión. Puede decir algo como: «Recuerda, estamos aquí para disfrutar de la lectura y para compartir buenos momentos juntos. ¡Así que diviértete y deja que tu imaginación vuele!».

ACTIVIDADES RECOMENDADAS

1. Creación del reglamento del club:
    - Descripción: involucra a los niños en la creación de un reglamento para el club de lectura, discutiendo y decidiendo las reglas que consideran más importantes.
    - Objetivo: enseñar a los niños la importancia de la responsabilidad compartida y la creación de normas que todos deben seguir.
2. Juego de turnos de palabra:
    - Descripción: utiliza un objeto que pase de mano en mano durante las reuniones para enseñar a los niños a respetar el turno de palabra. Solo quien tenga el objeto puede hablar.
    - Objetivo: fomentar el respeto y la paciencia, y enseñar la importancia de escuchar antes de hablar.

3. Evaluación de las reuniones:

- Descripción: al final de cada reunión, realiza una breve evaluación donde los niños puedan compartir lo que les gustó, lo que no y cómo podrían mejorar la próxima reunión.
- Objetivo: fomentar la reflexión y la mejora continua, y dar a los niños la oportunidad de contribuir a la organización del club.

★ ★

17.

RESUMIENDO... GUÍA PARA QUE TODO VAYA MUY BIEN

Hemos llegado al final de nuestro emocionante viaje a través de la creación y el mantenimiento de un club de lectura para niños. Pero no podemos despedirnos sin dejarte un resumen práctico, una pequeña guía que englobe los principios más valiosos que hemos explorado.

1. ELIGE EL LIBRO ADECUADO PARA SU EDAD

Seleccionar libros que se ajusten a la edad y nivel de comprensión de los niños es fundamental. No querrás que tus pequeños lectores se sientan frustrados con textos demasiado complejos ni aburridos con historias que no desafían su imaginación. Así que toma en cuenta sus intereses y busca títulos que enciendan su curiosidad y entusiasmo.

Por ejemplo, para los más pequeños, los libros con ilustraciones coloridas y textos sencillos son perfectos. En cambio, los niños mayores disfrutarán de tramas más elaboradas y personajes con los que puedan identificarse. Y recuerda: no temas aventurarte en géneros variados para mantener la chispa de la lectura viva.

2. CREA UN AMBIENTE ACOGEDOR Y ESTIMULANTE

El entorno en el que se realiza la lectura es crucial para el éxito del club. Un espacio cómodo, libre de distracciones y con suficiente luz natural es ideal. Puedes decorar la habitación con mantas suaves, cortinas coloridas y algunos muñecos de tela para hacerlo más acogedor. Y, si el clima lo permite, ¡nada como una sesión al aire libre en un parque o jardín para darle un toque especial a la reunión!

Recuerda, la idea es que los niños asocien la lectura con un momento agradable y relajante, así que asegúrate de que el espacio refleje esa atmósfera. Un rincón de lectura bien preparado puede hacer que cualquier historia se sienta más mágica.

3. ESTABLECE UN HORARIO REGULAR Y SOSTENIBLE

La consistencia es clave. Establece un horario regular para las reuniones y asegúrate de que sea manejable para todos los participantes. Podría ser una vez a la semana o cada dos semanas, según la disponibilidad del grupo. Lo importante es que sea una rutina que los niños esperen con ansias y que no sientan como una carga adicional.

Recuerda que los fines de semana son ideales para estas actividades, ya que los niños y los padres suelen tener más tiempo libre. Un sábado por la mañana, después de un buen desayuno, puede ser el momento perfecto para explorar una nueva aventura literaria.

4. FOMENTA LA PARTICIPACIÓN DE TODOS

Un club de lectura no es una conferencia, es un espacio de diálogo y participación. Asegúrate de que todos los niños tengan la oportunidad de compartir sus pensamientos y de contribuir a la discusión. Puedes hacer preguntas abiertas que inviten a la reflexión y al debate, y animar a los más tímidos a expresar sus opiniones.

Y no te olvides de los aplausos y los elogios para las respuestas acertadas o las observaciones interesantes. Todos se sienten bien cuando su opinión es valorada, y esto motiva a los niños a participar más activamente en futuras reuniones.

5. INCORPORA ACTIVIDADES CREATIVAS Y DIVERTIDAS

Para mantener el interés de los niños, es fundamental incluir actividades que vayan más allá de la simple lectura. Puedes organizar juegos relacionados con el libro, actividades de arte como pintar escenas de la historia, o incluso dramatizar algunas partes de la trama.

Por ejemplo, después de leer *El principito*, podrías invitar a los niños a dibujar su propia interpretación del pequeño príncipe y sus aventuras. O, después de leer un libro de aventuras, podrías organizar una búsqueda del tesoro por la casa con pistas basadas en la historia. La clave es hacer que la lectura sea interactiva y divertida.

6. FOMENTA LA RESPONSABILIDAD Y EL RESPETO

Establece reglas claras desde el principio para que todos los miembros del club entiendan la importancia de la responsabilidad y el respeto. Esto incluye leer el libro a tiempo, respetar el turno de palabra durante las discusiones, y cuidar y devolver los libros prestados en buenas condiciones.

Y, por supuesto, no te olvides de inculcar la importancia de agradecer a los anfitriones y de mantener el espacio limpio y ordenado. Estos valores no solo harán que el club funcione de manera más eficiente, sino que también enseñarán a los niños lecciones valiosas para la vida.

7. INVOLUCRA A LOS PADRES Y A LA COMUNIDAD

Un club de lectura exitoso no solo involucra a los niños, sino también a sus padres y a la comunidad. Invita a los padres a participar en las reuniones, ya sea como moderadores, ayudando con las actividades, o simplemente como espectadores interesados. Puedes organizar eventos especiales abiertos a la comunidad, como intercambios de libros o lecturas en grupo.

Esto no solo fortalece el apoyo y la participación en el club, sino que también fomenta una cultura de lectura en la comunidad. Y, quién sabe, quizás termines inspirando a otros a iniciar sus propios clubs de lectura.

8. UTILIZA LA TECNOLOGÍA COMO ALIADA

En la era digital, la tecnología puede ser una gran aliada para fomentar la lectura. Puedes utilizar aplicaciones de libros electrónicos, audiolibros y plataformas de discusión en línea para complementar las reuniones del club. Incluso puedes organizar actividades como ver una película basada en un libro y luego discutir las diferencias y similitudes.

Recuerda, la clave es utilizar la tecnología para enriquecer la experiencia de lectura, no para reemplazarla. Un buen equilibrio entre las herramientas digitales y la lectura tradicional puede hacer que el club sea más atractivo y accesible para todos.

9. SÉ FLEXIBLE

Cada grupo es único y lo que funciona para uno puede no ser ideal para otro. Es importante ser flexible y estar dispuesto a adaptar las actividades y la estructura del club según las necesidades y preferencias de los miembros. Esto puede significar cambiar el tipo de libros que se leen, ajustar la frecuencia de las reuniones o modificar las actividades.

Escucha siempre los comentarios y sugerencias de los niños y los padres, y utiliza esta información para mejorar continuamente el club. Recuerda, el objetivo es que todos disfruten y se beneficien de la experiencia de la lectura.

10. DIVIÉRTETE Y DISFRUTA DEL PROCESO

Finalmente, el consejo más importante de todos: ¡diviértete! La lectura debe ser una actividad placentera y enriquecedora, tanto para los niños como para los adultos. Disfruta del proceso de descubrir nuevos libros, de compartir historias y de ver cómo los niños se emocionan con cada nueva aventura.

Recuerda que cada reunión del club es una oportunidad para crear recuerdos felices y para inspirar a la próxima generación de lectores apasionados. Así que, relájate, deja que la magia de la lectura haga su trabajo, y disfruta del maravilloso viaje que estás compartiendo con tus pequeños lectores.

25 *TIPS* PARA TENER EN CUENTA (PARA SALPICAR EL LIBRO)

1. Elige libros con ilustraciones llamativas. Los colores y las imágenes captan la atención de los más pequeños.

2. Haz que cada sesión sea una aventura. Anuncia el libro como si fuera el comienzo de una gran expedición.

3. Permite que los niños elijan libros. Así se sienten más involucrados y emocionados por la lectura.

4. Crea un rincón de lectura cómodo. Mantas suaves, cortinas coloridas y algunos muñecos de tela pueden hacer que la lectura sea más acogedora.

5. Usa voces diferentes para los personajes. Esto hace que la lectura en voz alta sea más divertida y entretenida.

6. Incluye *snacks* temáticos. Galletas en forma de personajes del libro pueden ser un gran incentivo.

7. Organiza concursos de preguntas sobre el libro. Pequeños premios pueden motivar a los niños a prestar atención a los detalles.

8. Haz preguntas abiertas sobre la historia, como «¿Qué crees que pasaría si...?» o «¿Por qué piensas que el personaje hizo eso?». Así fomentas la imaginación y la reflexión.

9. Permite que cada niño sea moderador por turnos. Les enseña liderazgo y responsabilidad.

10. Organiza una búsqueda del tesoro literaria. Las pistas pueden estar relacionadas con el libro que han leído.

11. Incorpora actividades manuales. Dibujar escenas del libro o hacer manualidades relacionadas con la historia.

12. Celebra una fiesta temática del libro. Disfraces y decoraciones que correspondan al libro que se ha leído.

13. Lee al aire libre siempre que puedas. La naturaleza puede hacer que la experiencia de lectura sea aún más mágica.

14. Haz un pequeño teatro de marionetas, que los niños ayuden. Recrear escenas del libro con títeres puede ser muy divertido.

15. Crea una tarjeta de biblioteca personal. Los niños pueden llevar un registro de los libros que leen.

16. Fomenta la escritura de finales alternativos. Les permite explorar su creatividad y pensar en nuevas posibilidades.

17. Organiza una visita a una librería o biblioteca. Que los niños elijan su próximo libro en un entorno nuevo y emocionante.

18. Establece una rutina de lectura. Las reuniones regulares hacen que la lectura sea una parte esperada de su vida.

19. Crea una «zona de autógrafos» para los libros. Los niños pueden firmar y dejar comentarios en los libros que leen.

20. Incluye a los padres en algunas sesiones. Leer juntos puede fortalecer los lazos familiares y hacer la lectura más especial.

21. Haz una «hora de cuentos en pijama». Leer en pijamas puede hacer que la actividad sea relajada y divertida.

22. Realiza debates amigables. Permite que los niños discutan sus opiniones sobre el libro de manera respetuosa.

23. Lleva un diario de lectura. Anima a los niños a escribir sus pensamientos y reflexiones sobre cada libro.

24. Haz una «lectura de libros en la oscuridad». Usa linternas para leer en un ambiente de campamento.

25. Premia la participación activa. Reconocer los esfuerzos de los niños puede motivarlos a seguir participando con entusiasmo.

NOTA DE LA AUTORA

Podrás ver que no he incluido una lista específica de lecturas para niños. Ha sido una decisión que he tomado deliberadamente. La razón es simple, pero profundamente significativa: creo fervientemente que cada niño debe tener la libertad de crear su propia lista de «bibliodeseos». Esta filosofía surge de mi convicción de que la lectura debe ser una aventura personal y única para cada niño, una exploración de mundos y experiencias que resuene con su propio corazón y mente.

Cuando un niño visita una librería o una biblioteca, se enfrenta a un inmenso mar de posibilidades. En esos momentos, la magia comienza a florecer. Cada título, cada portada, cada sinopsis es una puerta a un nuevo mundo esperando ser descubierto. La tarea de un club de lectura, y de nosotros como facilitadores de esa aventura, es proporcionar el mapa, pero dejar que sean ellos quienes elijan su camino.

Los «bibliodeseos» son una lista viva, en constante evolución. No se trata de una lista estática o definitiva. Al contrario, debe cambiar, crecer y adaptarse a medida que el niño descubre nuevos intereses y pasiones. Hoy puede estar fascinado por los dinosaurios y mañana por los viajes espaciales. La clave es fomentar su curiosidad y apoyarlo en su viaje, en lugar de limitarlo a una lista predefinida de lecturas.

Al permitir que los niños creen sus propias listas de lecturas, les enseñamos a ser críticos y selectivos. Les damos la oportunidad de explorar lo que les interesa de verdad, y les permitimos desarrollar un sentido de propiedad sobre su experiencia de lectura. Esta autonomía no solo enriquece su relación con los libros, sino que también les ayuda a desarrollar habilidades críticas de toma de decisiones y autorreflexión, que serán invaluables en todos los aspectos de su vida.

Las librerías y las bibliotecas son mucho más que lugares donde se almacenan libros. Son santuarios de la imaginación, espacios donde la mente puede vagar libremente y descubrir nuevos mundos. Invito a cada padre, maestro y moderador de clubs de lectura a hacer de la visita a estos lugares una experiencia regular y especial para los niños. Al explorar las estanterías, los niños aprenden no solo a elegir libros, sino también a valorar la vasta diversidad de pensamiento y expresión que estos representan.

Cada libro en una estantería es una voz, una perspectiva, una historia esperando ser escuchada. Al dar a los niños la libertad de elegir sus propias lecturas, les enseñamos a apreciar esta diversidad y a respetar las múltiples formas en que se puede experimentar y entender el mundo.

UN AGRADECIMIENTO ESPECIAL: EL BIBLIOBÚS DE MIS SUEÑOS

Ahora, permítanme compartir un recuerdo personal que ha sido una fuente constante de inspiración para mí. Cuando era niña, todos los jueves por la tarde, un pequeño autobús convertido en una minibiblioteca, conocido cariñosamente como el bibliobús, se detenía frente a mi casa. Este autobús era un portal a aventuras inimaginables, repleto de las historias más maravillosas de autores como Emilio Salgari, Julio Verne y Mark Twain.

Recuerdo la emoción de subir a ese autobús junto a mi hermana mayor, el olor de los libros, el sonido de las páginas al pasar y la sensación de maravilla al descubrir una nueva historia que me transportaría a mundos lejanos y tiempos remotos. El bibliobús no solo me proporcionó libros; me dio el regalo de la imaginación y la libertad de explorar.

Quiero dedicar unas palabras de agradecimiento a ese bibliobús y a todos aquellos que hicieron posible su existencia. Gracias por las aventuras que viajaban en sus estantes, por cada libro que me llevó de viaje sin salir de mi barrio, y por cada historia que encendió en mí la chispa de la curiosidad y el amor por la lectura.

Soy el producto de esas lecturas, de esos momentos de descubrimiento y de la libertad que me brindaron para explorar el mundo a través de las palabras. Esa experiencia me enseñó que los libros no solo son ventanas al mundo exterior, sino también espejos que nos ayudan a entendernos mejor a nosotros mismos

BIBLIOGRAFÍA RECOMENDADA

LIBROS SOBRE LECTURA INFANTIL, DESARROLLO Y DISLEXIA

Abelleira Bardanca, Angeles e Isabel (2021); *El latido de un aula infantil: elogio de la cotidianidad* Editorial Octaedro, S.L.

Andreae, G. (1999). *Las jirafas no pueden bailar.* Bruño.

Barbauld, A. L. (1778–1779). *Lessons for Children* [Editorial no disponible].

Borda Crespo, M Isabel, (2006); *Como iniciar a la lectura;* Arguval Editorial

Bryant, Peter y Bradley, Lynette (1998); *Problemas infantiles de lectura*; ALIANZA EDITORIAL

Condemarín, M., & Blomquist, M. (1970). *La dislexia. Manual de lectura correctiva.* Editorial Universitaria.

Cardos, Carmen y García Torralba María (2018); *Enséñale a pensar diferente*; Toromítico

Couso María (2023); *Cerebro, infancia y juego: cómo los juegos de mesa cambian el cerebro*; Ediciones Destino

Denchfield, N. (1997). *El pollo Pepe.* SM.

García Perea, R. (2018). *Manual del club de lectura: Cómo crear y gestionar un club de lectura dinámico y perdurable.* Berenice.

Hunt, L. M. (2015). *Peces en un árbol* [Editorial no disponible].

Jiménez, Diana (2020); *Infancia en positivo*; Toromítico

Juárez Sánchez, Adoración y Monfort, Marc (2018); *El niño que habla. El lenguaje oral en el escolar*; Editorial CEPE

L'Ecuyer, Catherine (2013); *Educar en el asombro*, Plataforma editorial S.L.

Lewis, O. ([s.f.]). *Dislexia: comprensión y superación de la dislexia, consejos para la crianza de niños con dislexia* [Editorial no disponible].

Llenas, A. (2012). *El monstruo de colores*. Flamboyant.

McKee, D. (1989). *Elmer*. Beascoa.

Moore-Mallinos, J. (2005). *Se llama dislexia* [Editorial no disponible].

Perona, Úrsula (2021); *Hijos de alta demanda*. Manual para padres; Toromítico

Rello, L. ([s.f.]). *Superar la dislexia: Una experiencia personal a través de la investigación*. Paidós.

Robledo, B. H. (2010). *El arte de la mediación*. Norma.

Robledo, B. H. (2011). *La literatura como espacio de comunicación y convivencia*. Lugar Editorial.

Robledo, B. H. (Comp.). (2001). *Poesía colombiana para jóvenes*. Alfaguara.

Rodriguez Beltrán, Ana del Carmen (2011) *Dislexia : metodología y actividades*. Jirones de Azul.

Romero, M., & Silveira, D. (2019). *La importancia de la literatura infantil en el desarrollo del niño de 4 años* [Editorial no disponible].

Ruiz, José Carlos (2019); *El arte de pensar para niños;* Toromítico

Smallman, S. (2008). *La ovejita que vino a cenar*. Beascoa.

Torras de Beà, E. ([s.f.]). *Dislexia: una forma diferente de leer* [Editorial no disponible].

Verbo Rosa, Silvia(2023); *Remedios para intolerantes a la lectura*, Edilura.

Vigil, C. C. (1934). *Upa!*. Atlántida.

Willingham, Daniel T (2016).; *Educando niños lectores;* Teell Editorial

ARTÍCULOS Y PUBLICACIONES

@prende.mx. (2021). *La importancia de la lectura en las niñas, niños y adolescentes.* Gobierno de México. https://www.gob.mx/aprendemx/articulos/la-importancia-de-la-lectura-en-las-ninas-ninos-y-adolescentes

Children's Health. ([s.f.]). *La alegría y los beneficios de leerle a su hijo.* https://es.childrens.com/health-wellness/the-joy-and-benefits-of-reading-to-your-child

Fundación Salud Infantil. (2017). *Beneficios de la lectura en los niños.* https://fundacionsaludinfantil.org

Head Start. ([s.f.]). *¡Léelo de nuevo! Beneficios de leerles a los niños pequeños.* https://eclkc.ohs.acf.hhs.gov/es

Our Knowledge Publishing. (2021). *Manual sobre los posibles beneficios de la lectura por placer para niños y adolescentes.*

RIULL. (2022). *La importancia de la lectura en educación infantil.* https://riull.ull.es

Romero, M., & Silveira, D. (2019). *La importancia de la literatura infantil en el desarrollo del niño de 4 años.* Instituto de Formación Docente Paysandú. https://ifdpaysandu.cfe.edu.uy

[Autor no disponible]. ([s.f.]). *La literatura infantil y su incidencia en el desarrollo del pensamiento crítico en los niños de edad preescolar.* https://www.researchgate.net

[Autor no disponible]. ([s.f.]). *La lectura en la primera infancia.* https://dialnet.unirioja.es

REVISTAS ESPECIALIZADAS SOBRE LECTURA INFANTIL

Álabe. *Revista de Investigación sobre Lectura y Escritura*. https://ojs.ual.es/ojs/index.php/alabe

Babar. *Revista de literatura infantil y juvenil*. https://revistababar.com

Catalejos. *Revista sobre lectura, formación de lectores y literatura para niños*. https://fh.mdp.edu.ar/revistas/index.php/catalejos

CLIJ. *Cuadernos de Literatura Infantil y Juvenil*. [Revista impresa]

Investigaciones Sobre Lectura (ISL). https://revistas.uma.es/index.php/revistaISL

Ocnos. *Revista de estudios sobre lectura*. https://www.revistaocnos.com

Redalyc. ([s.f.]). *Estrategia educativa para fomentar hábitos de lectura en niños de tres a cinco años*. https://www.redalyc.org

ARTÍCULOS CON CONSEJOS PRÁCTICOS SOBRE LECTURA INFANTIL

Bayard Revistas. ([s.f.]). *10 consejos para fomentar la lectura en la infancia*. https://www.bayard-revistas.com

Colegio Juan XXIII Zaidín. ([s.f.]). *15 estrategias para fomentar la lectura en niños de Primaria*. https://juanxxiiizaidin.com/blog/guias/fomentar-lectura-primaria

Colorín Colorado. ([s.f.]). *Maneras divertidas y eficaces de leer con los niños*. https://www.colorincolorado.org/es/articulo

Comunidad Baratz. ([s.f.]). *12 consejos para fomentar la lectura de los peques de la casa*. https://www.comunidadbaratz.com/blog

Sesame Workshop. ([s.f.]). *Consejos para la lectura – Niños de tres a cinco años de edad*. https://sesameworkshop.org/resources

UNICEF. ([s.f.]). *Siete maneras divertidas de fomentar la lectura*. https://www.unicef.org/uruguay/crianza